Día de Los Muertos

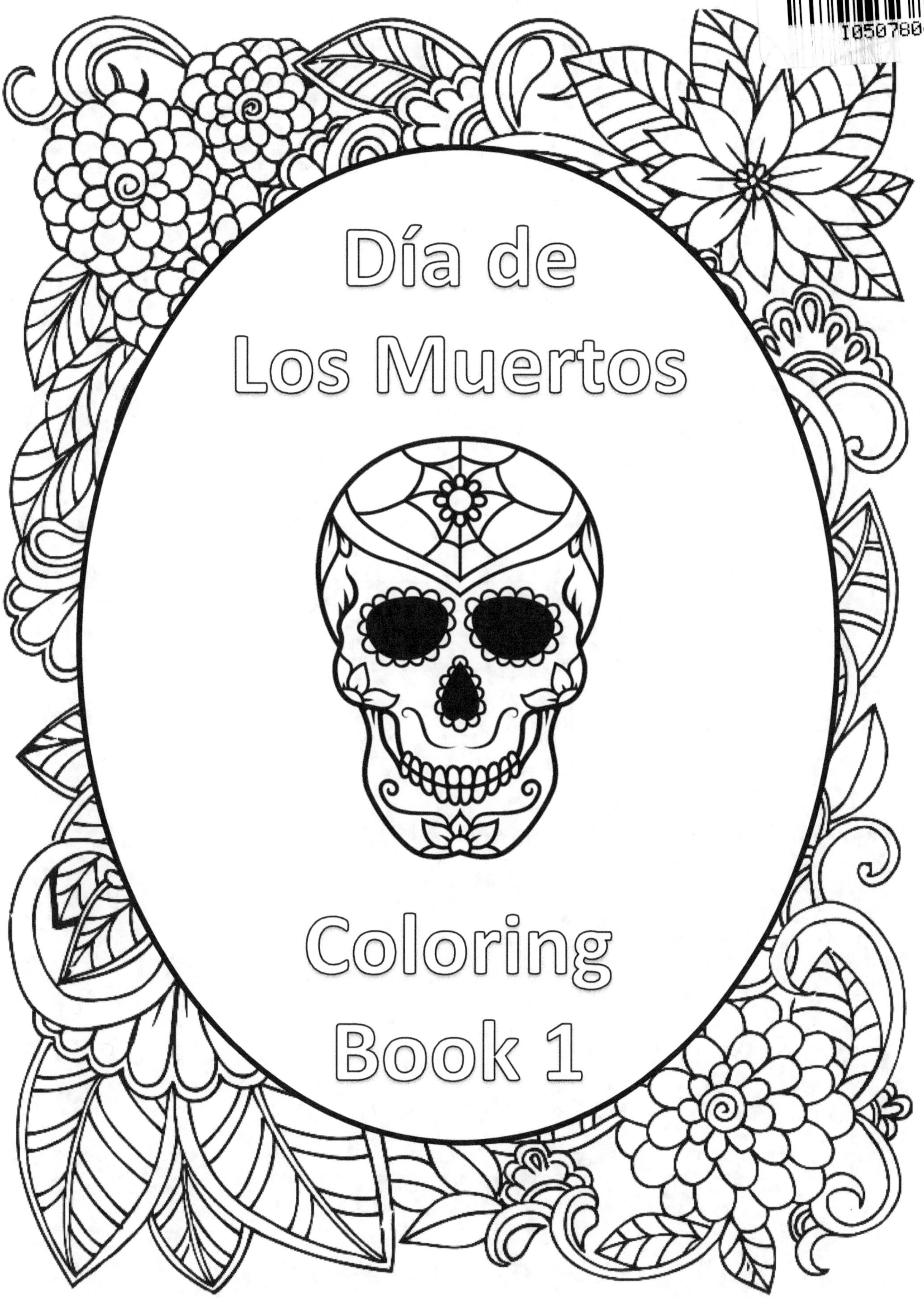

Coloring Book 1

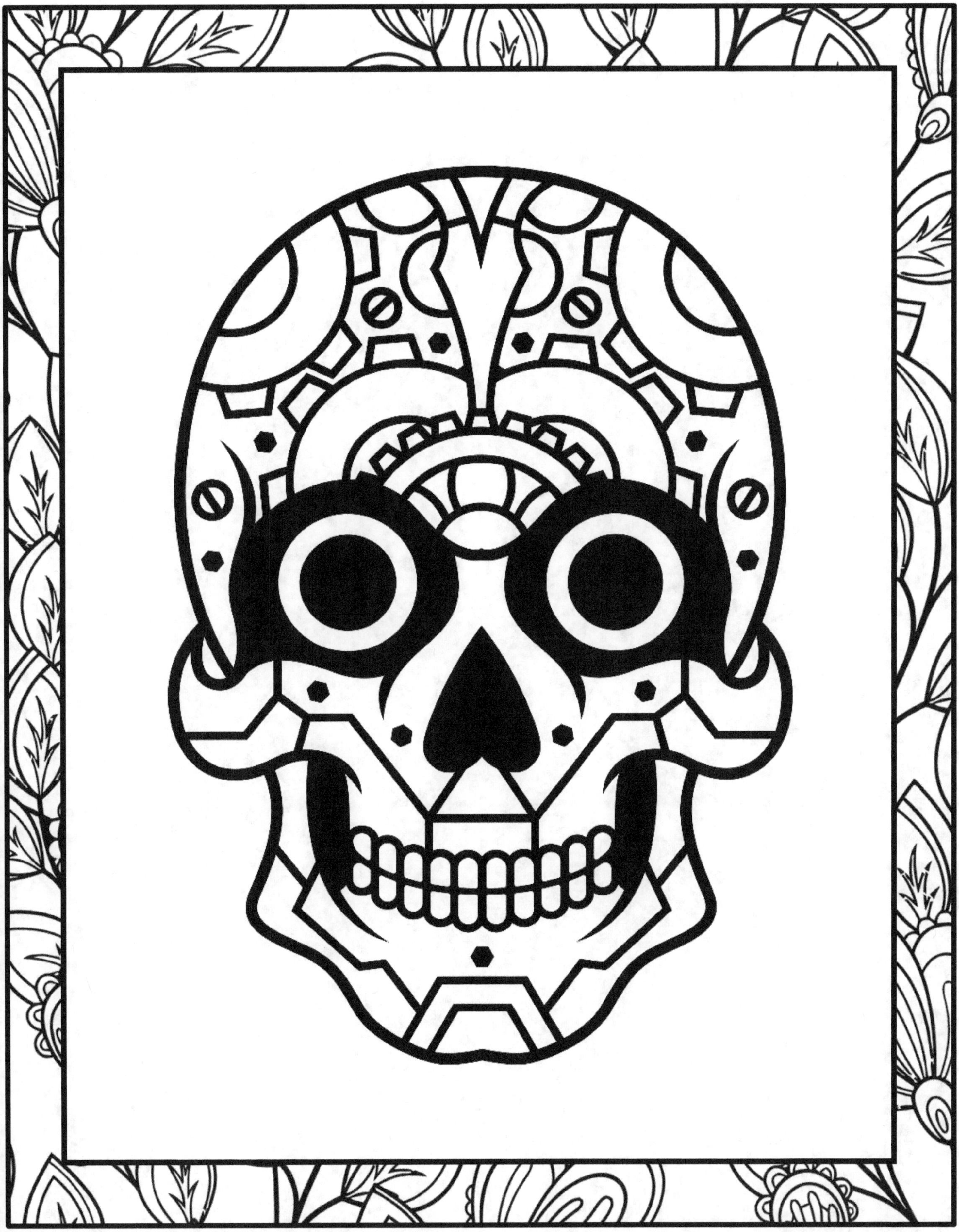

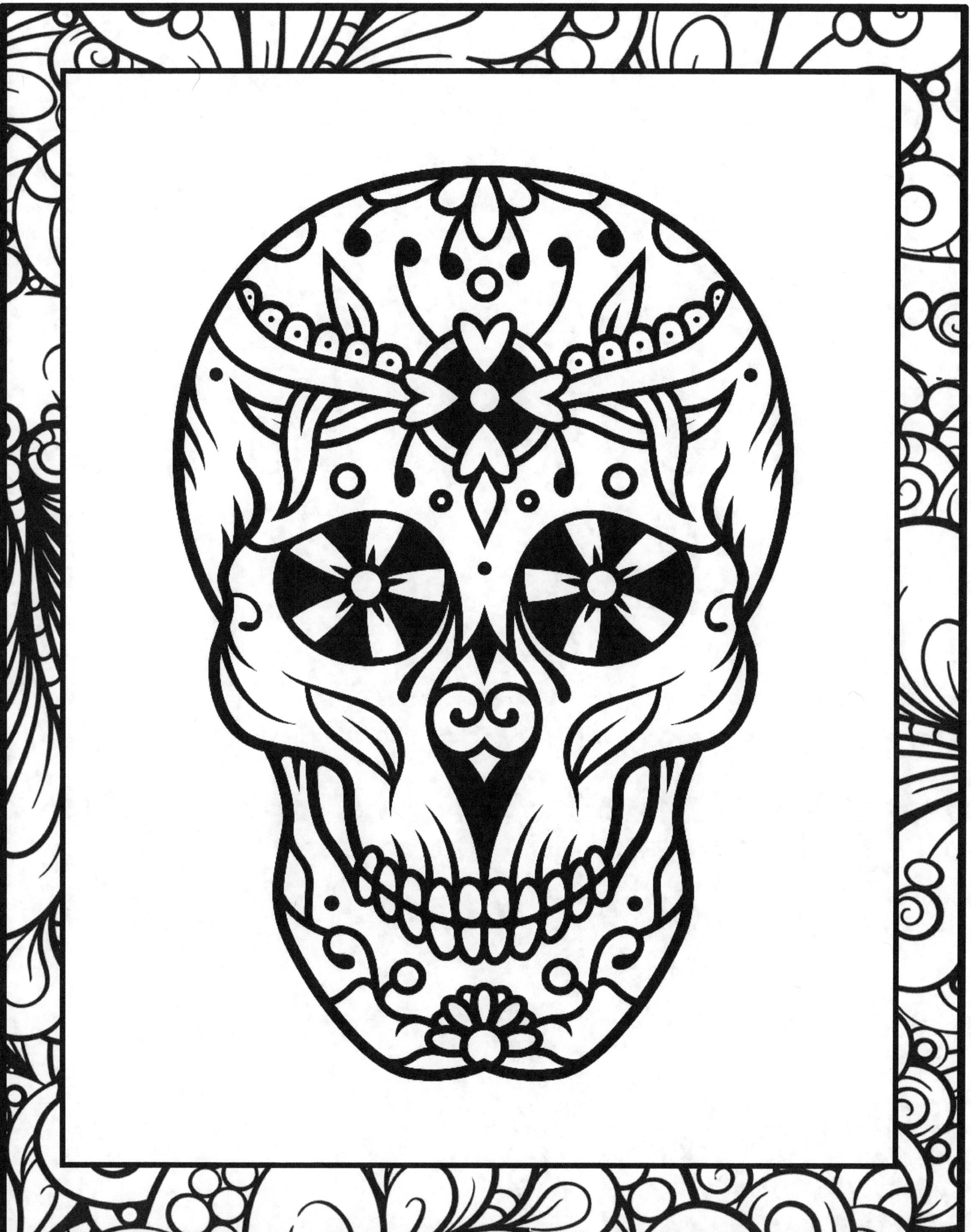

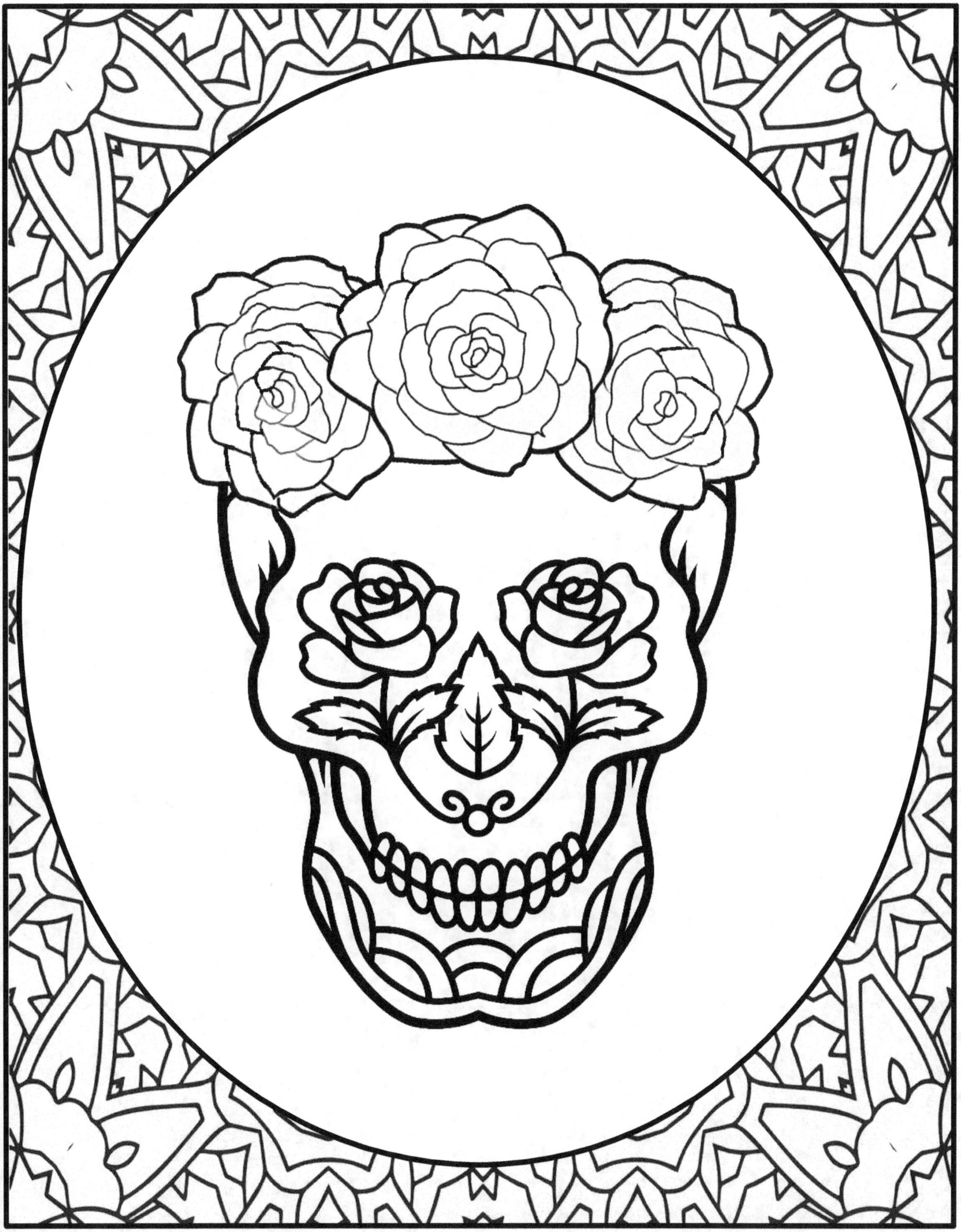

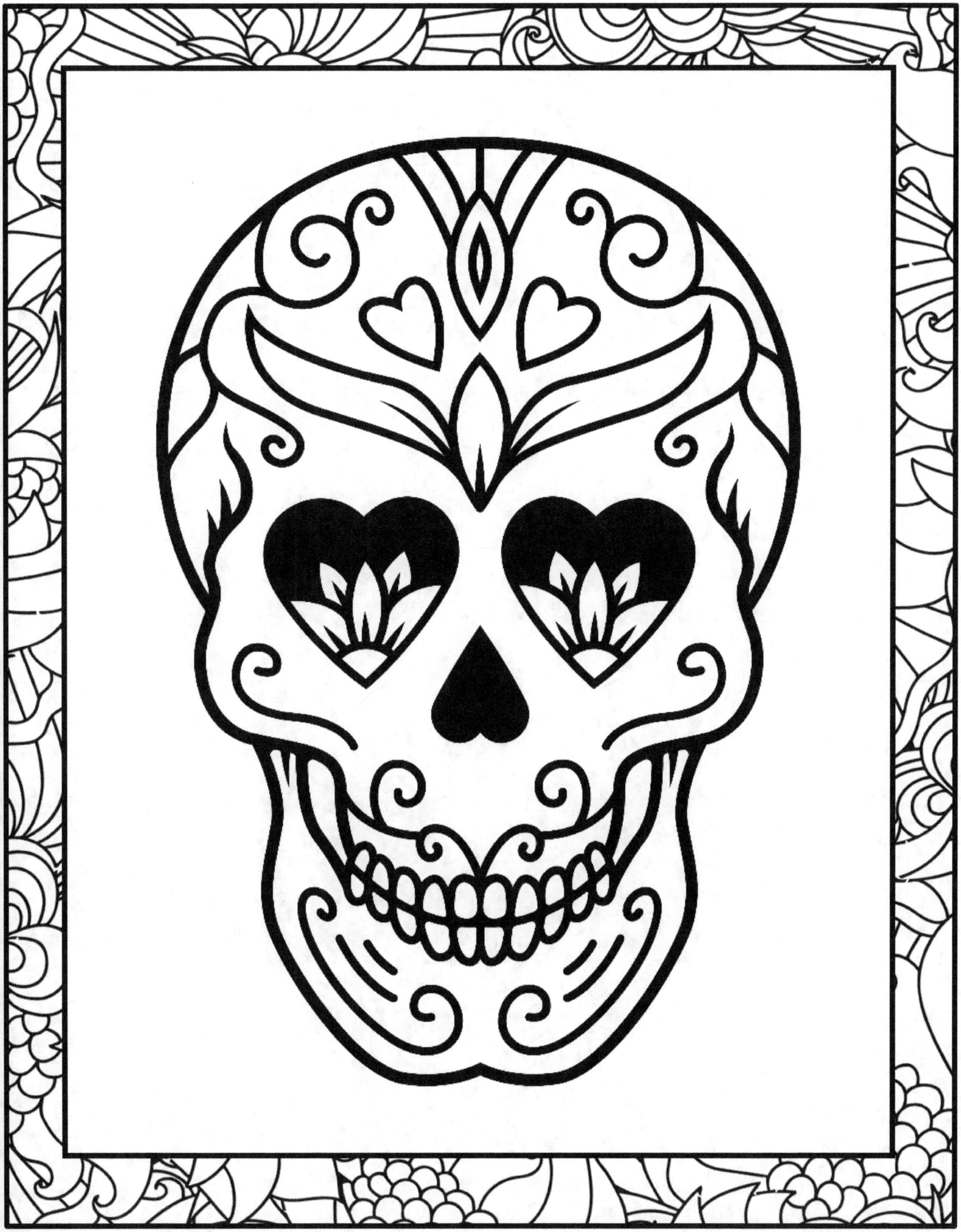

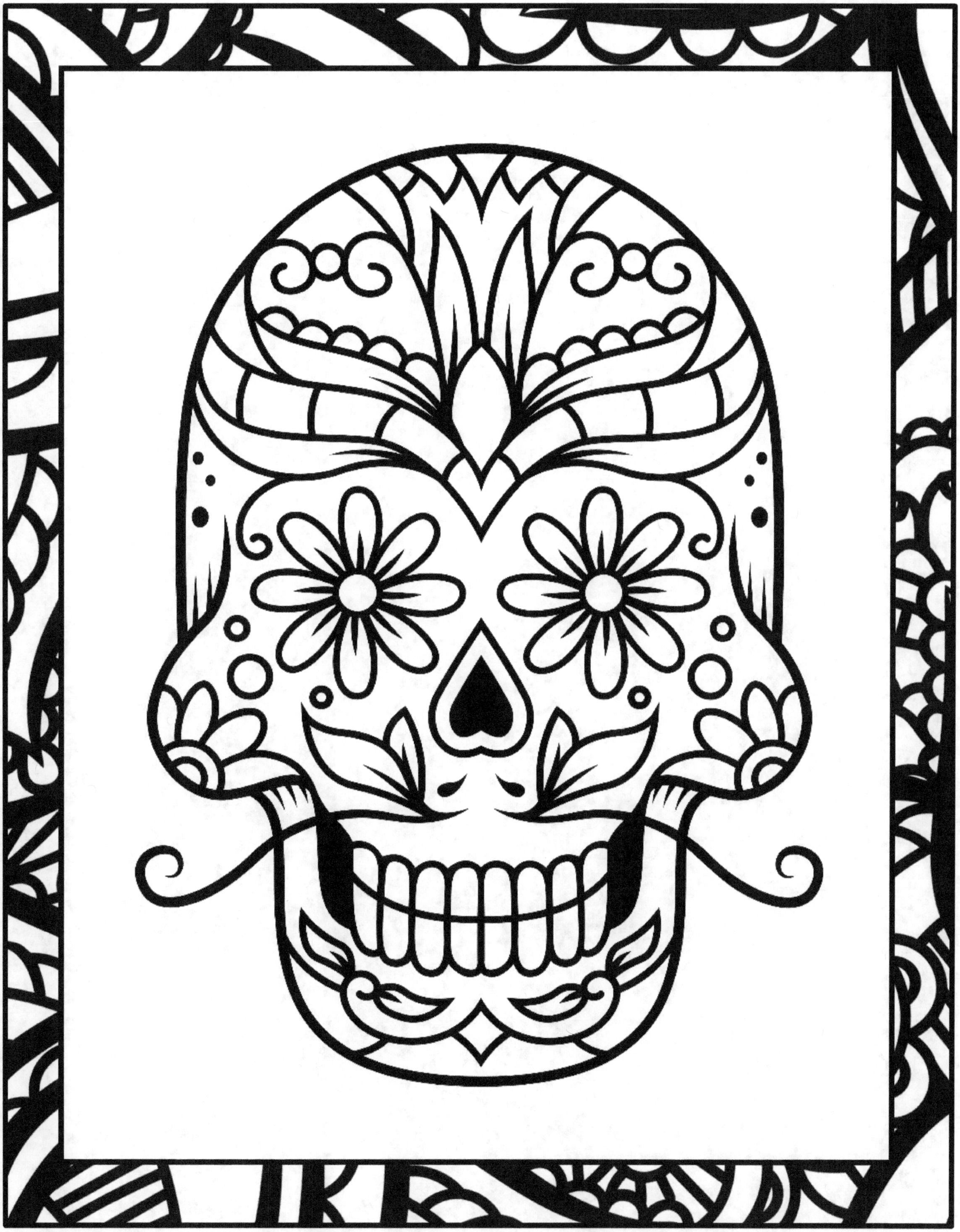

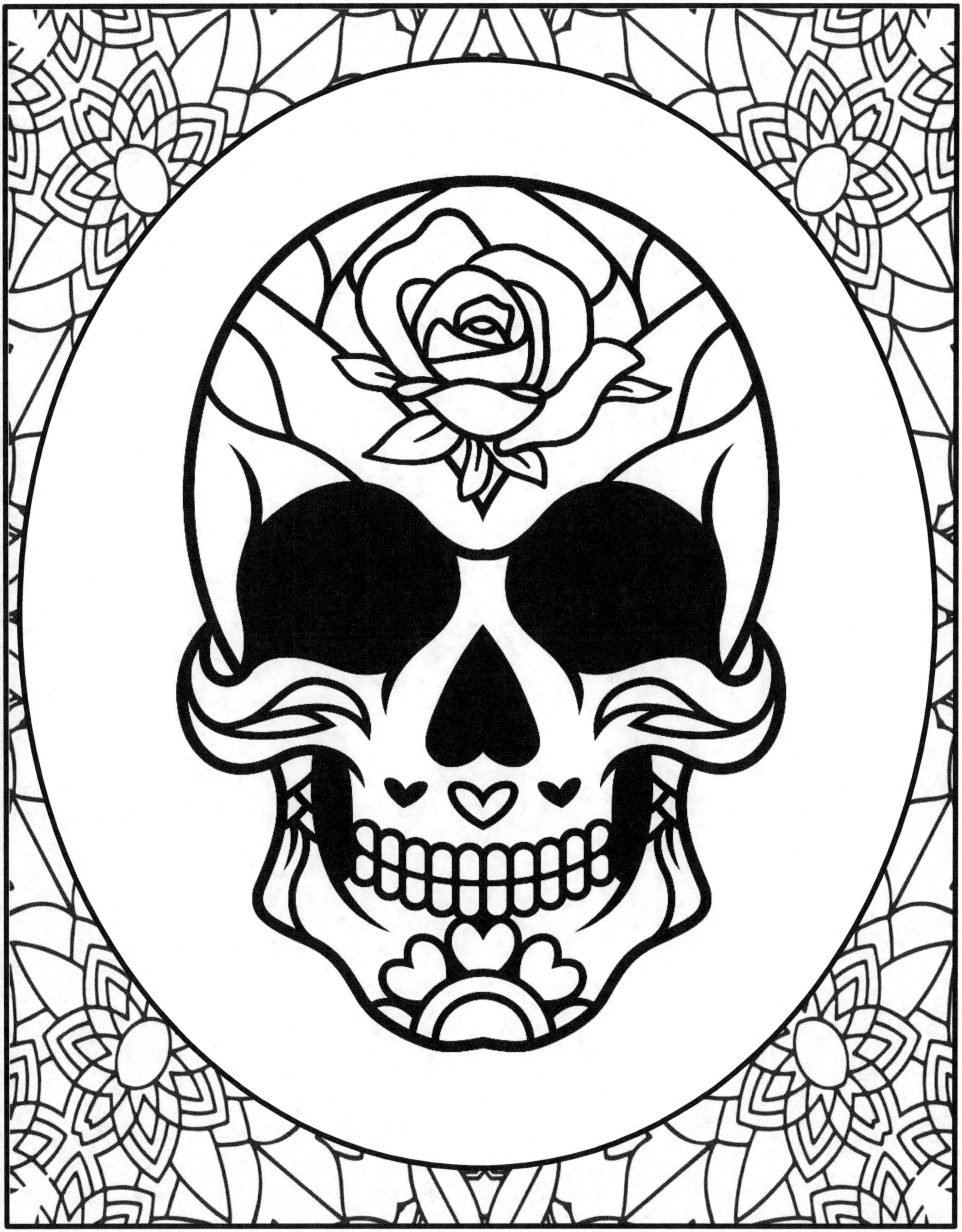

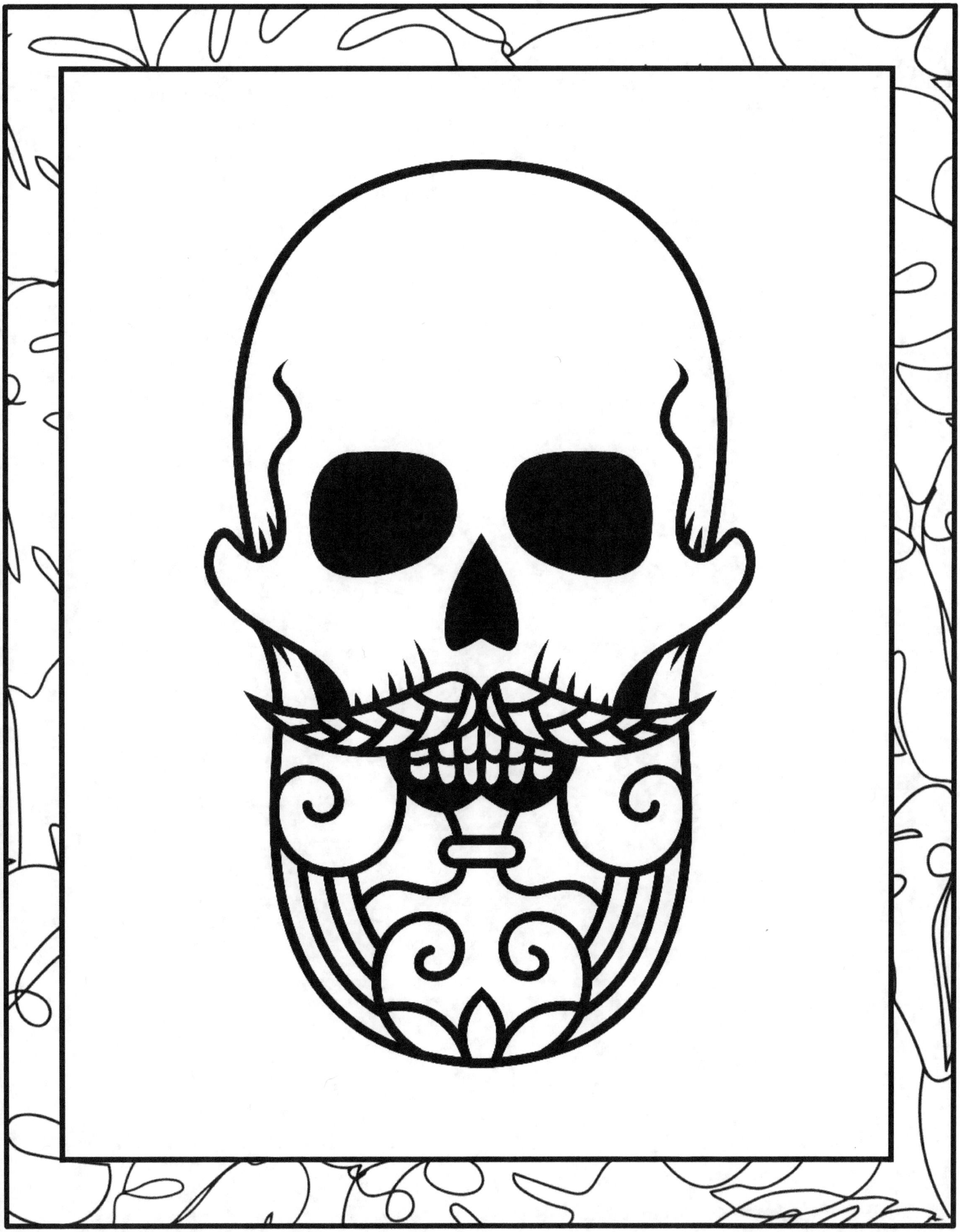

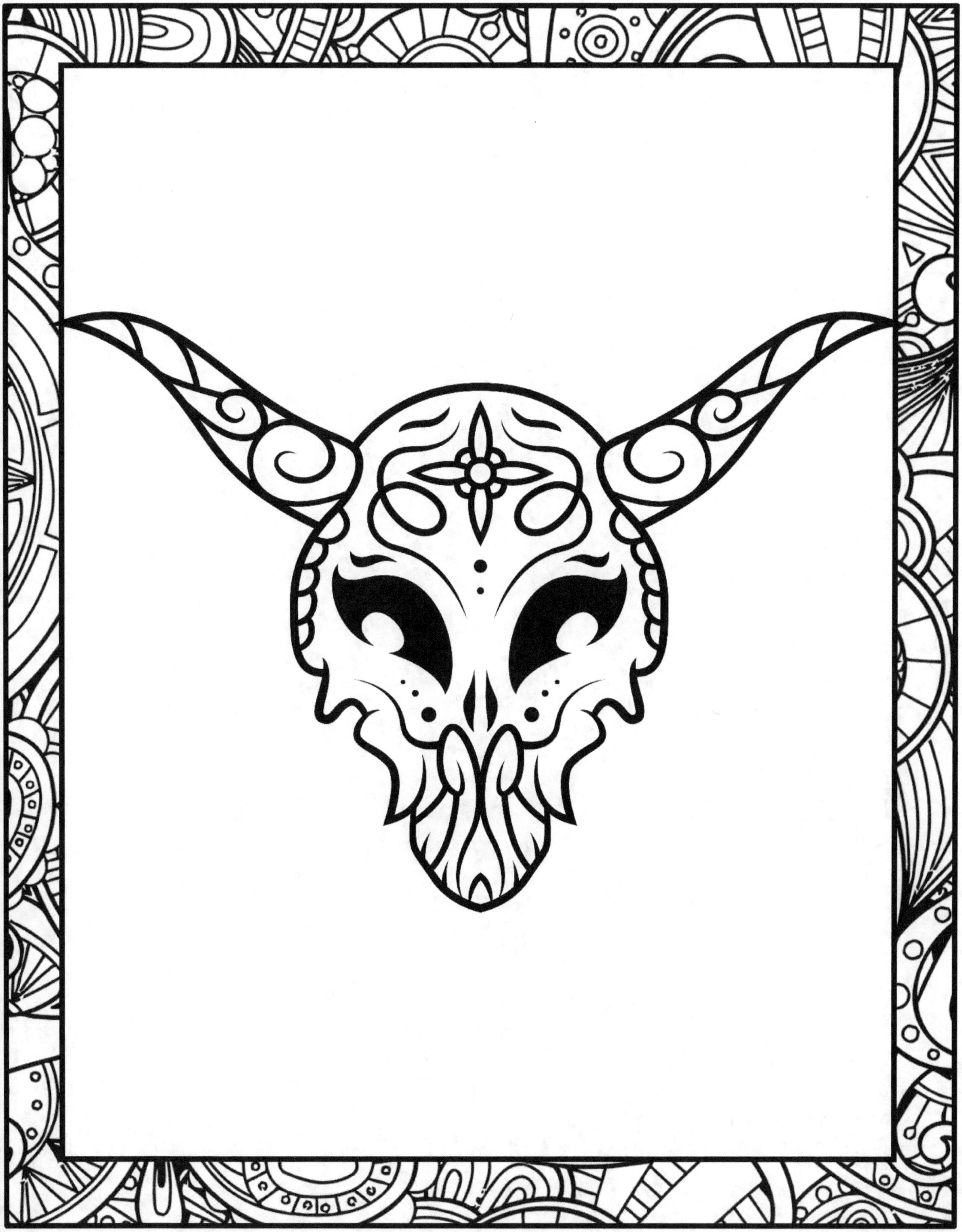

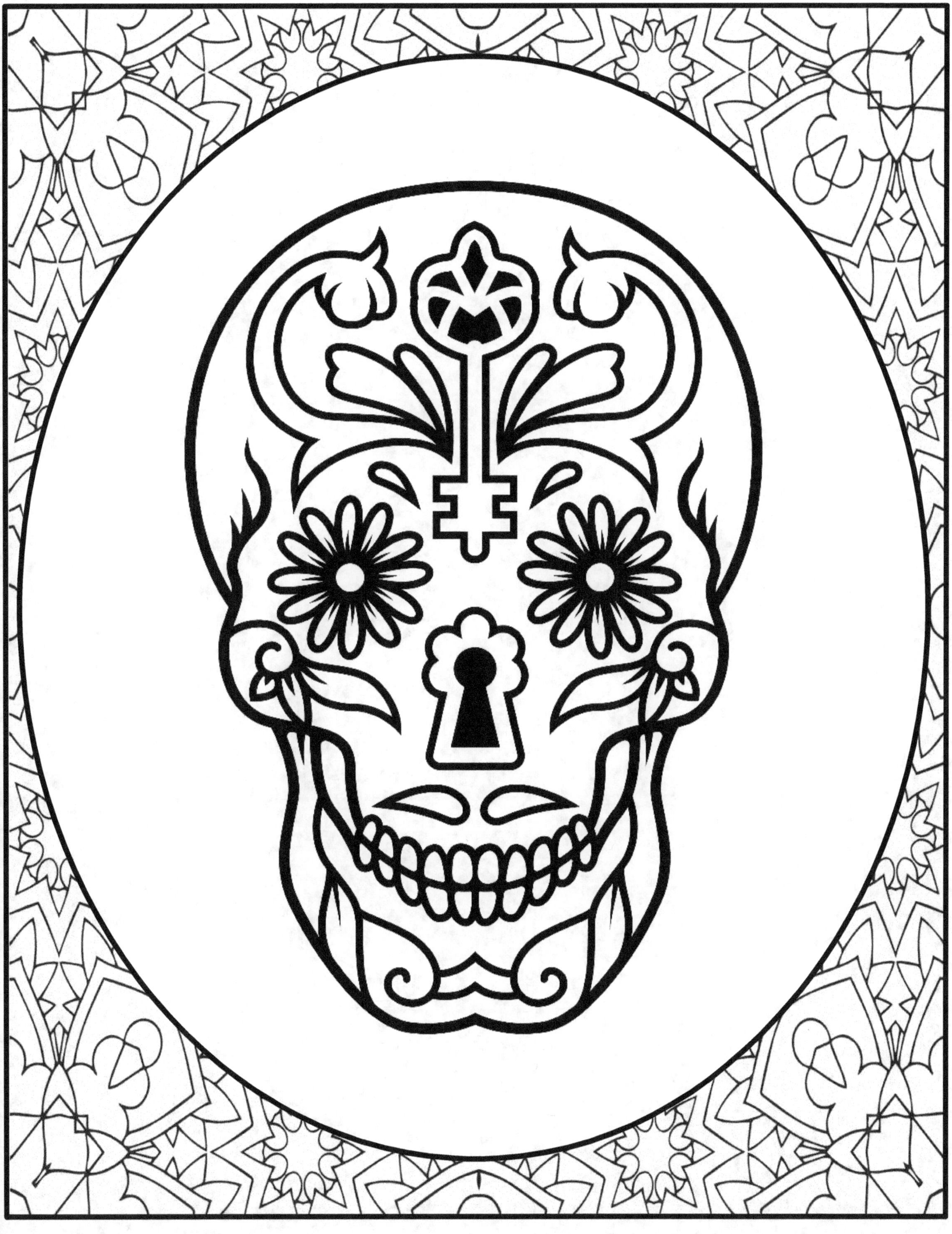

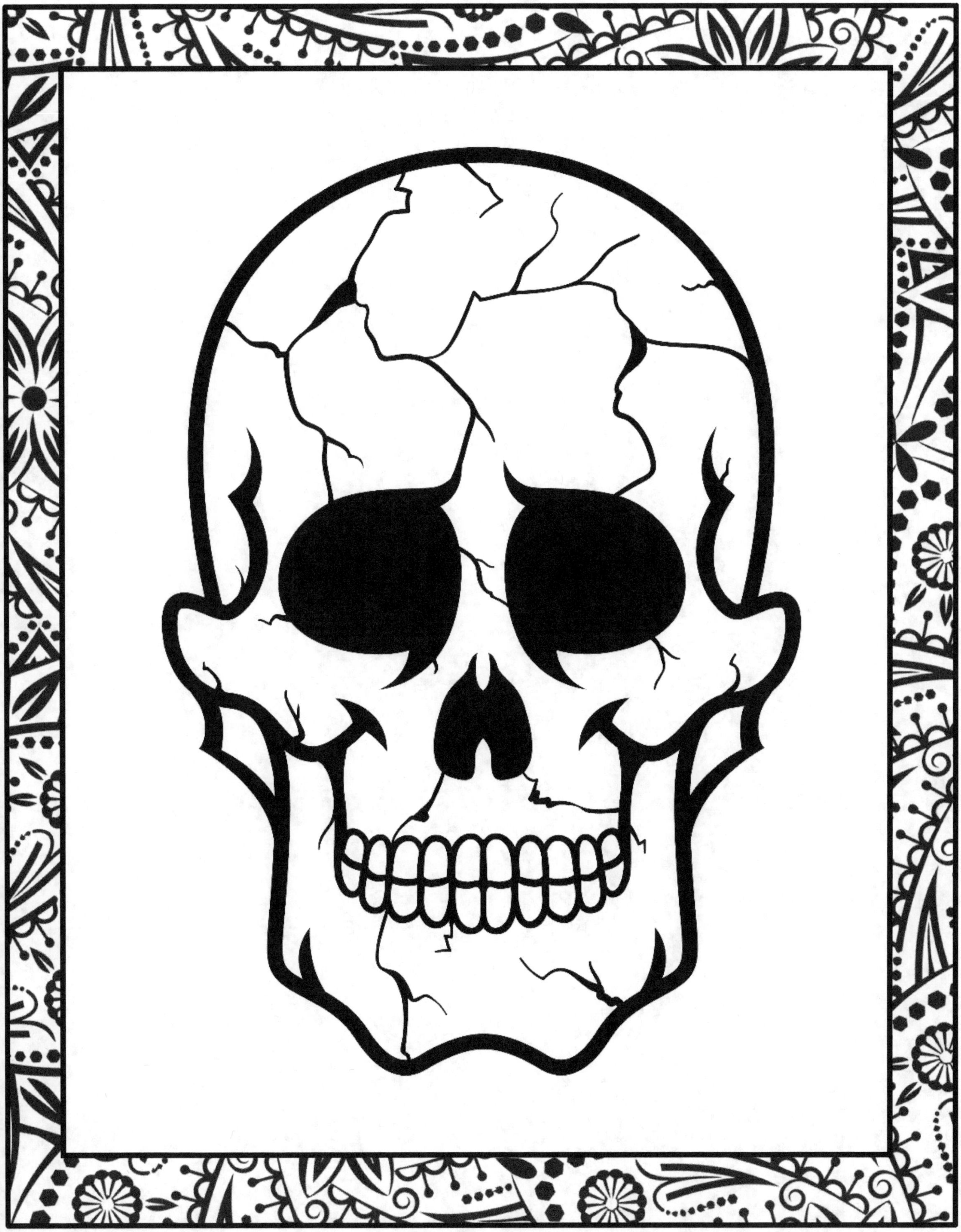

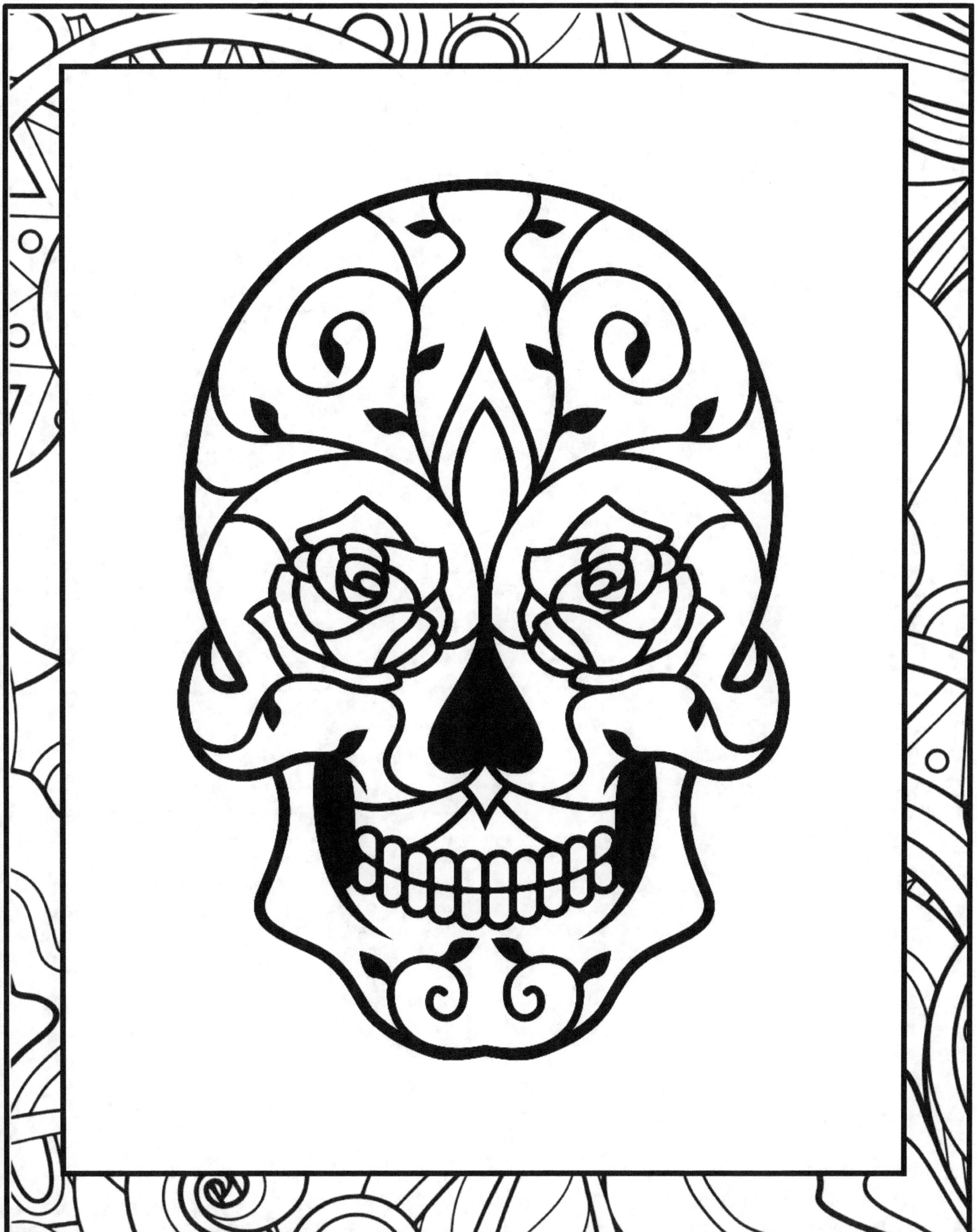

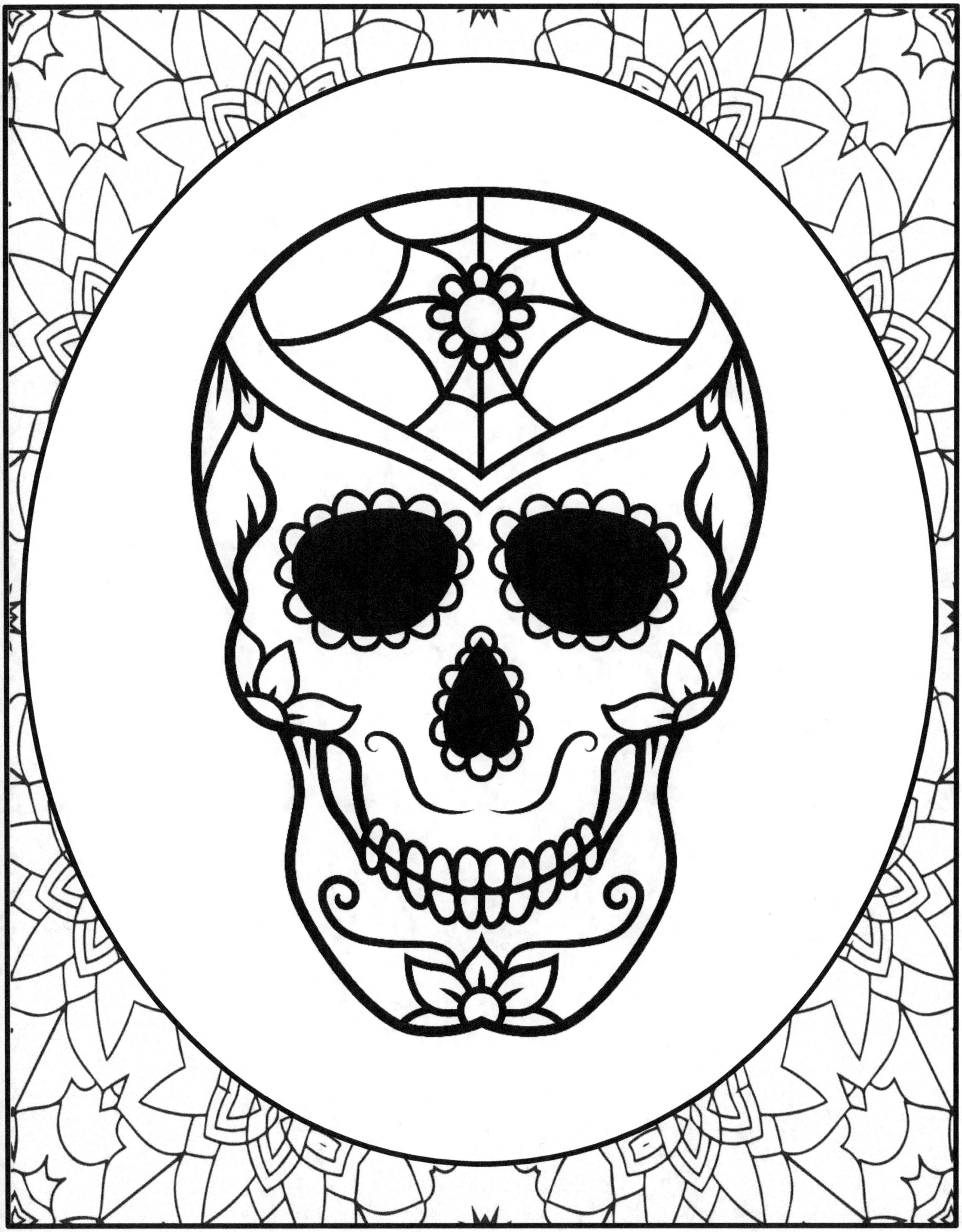

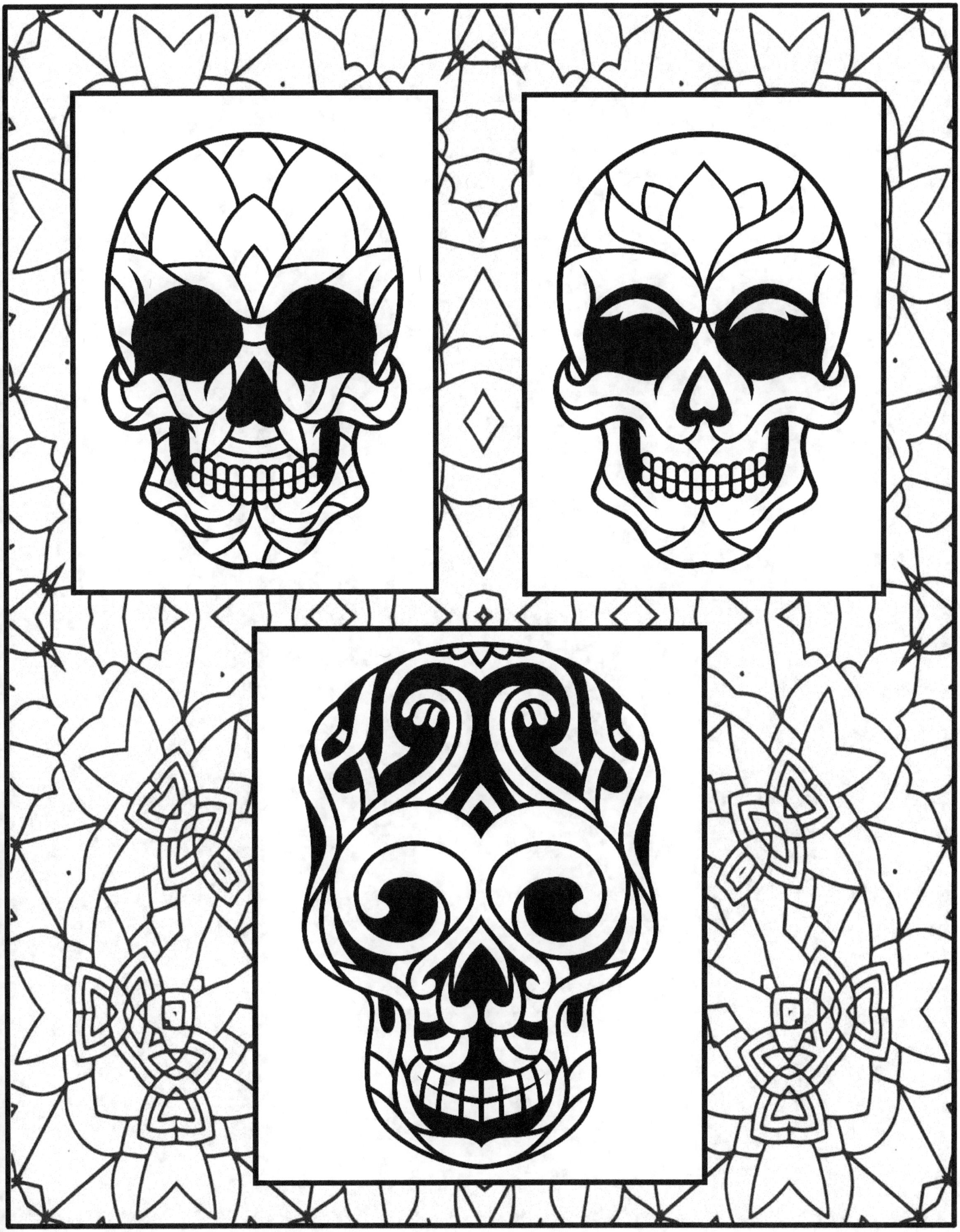

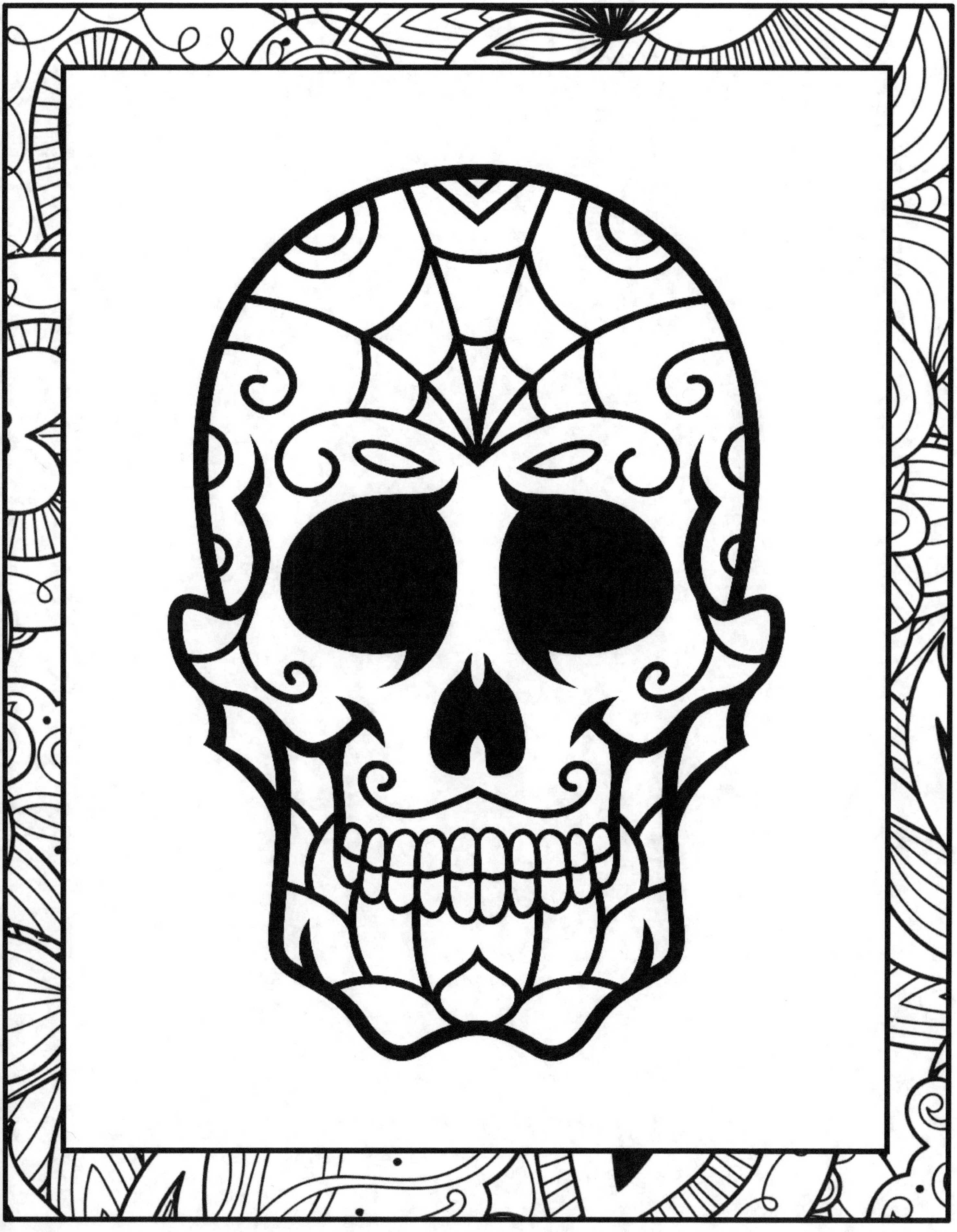

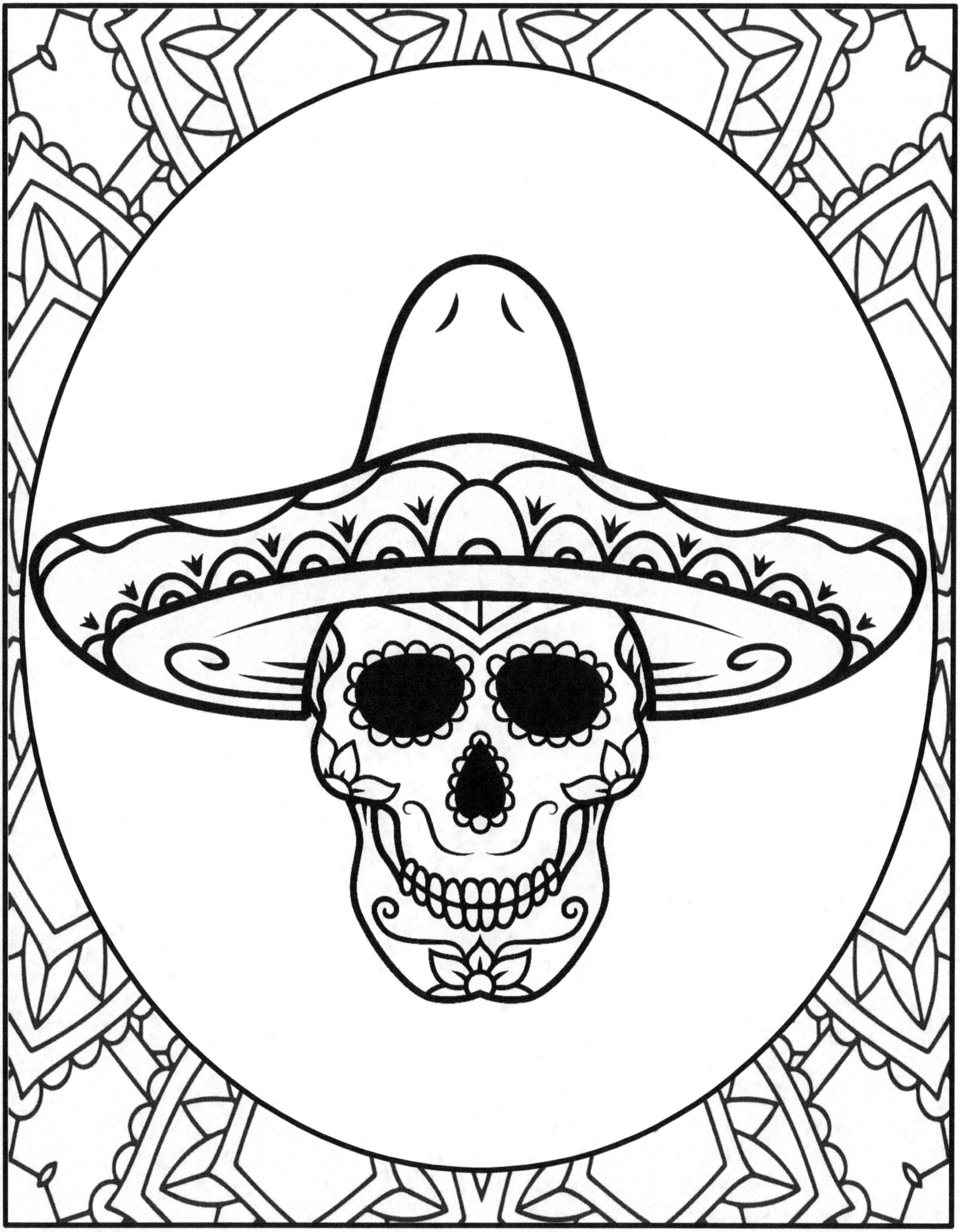

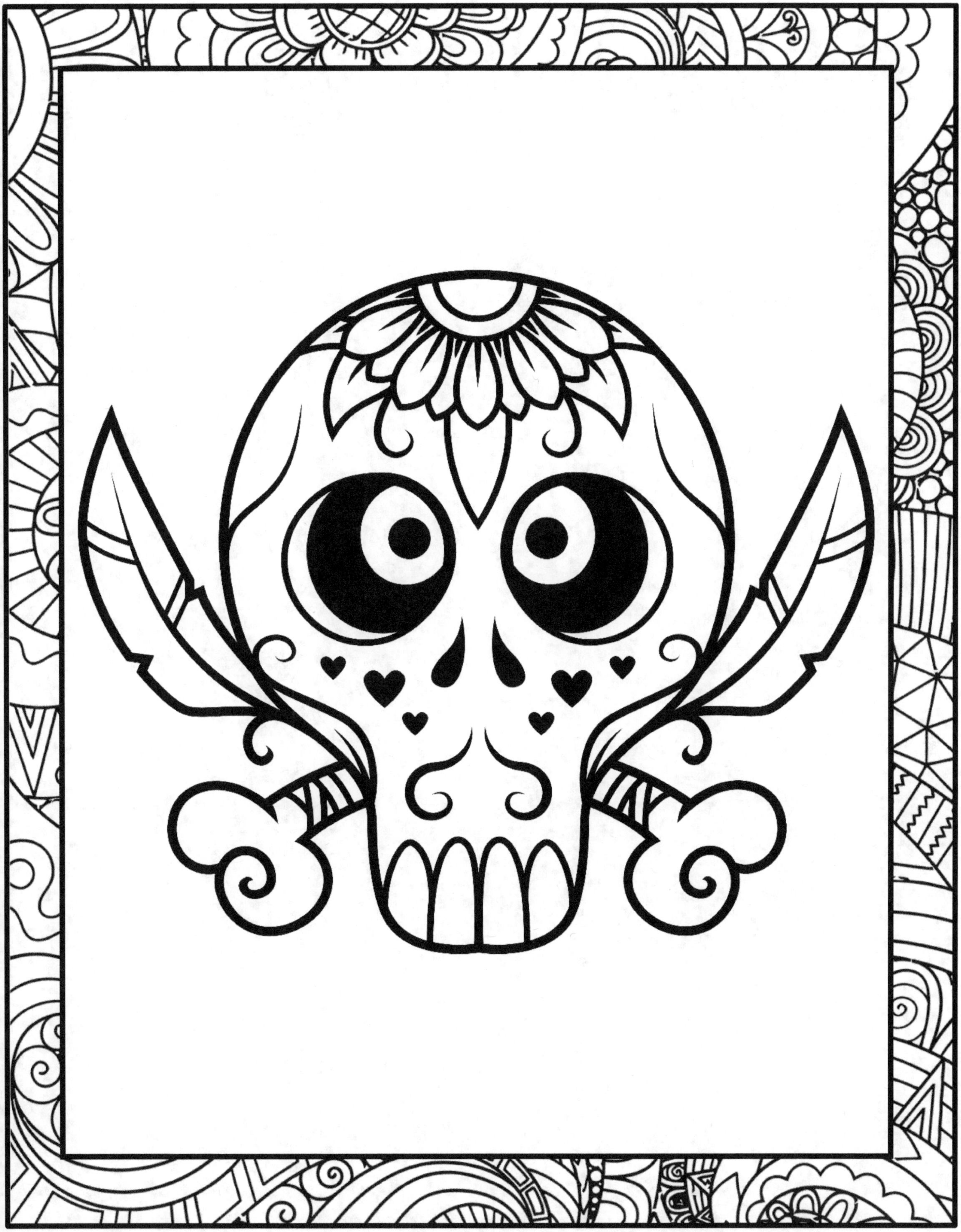

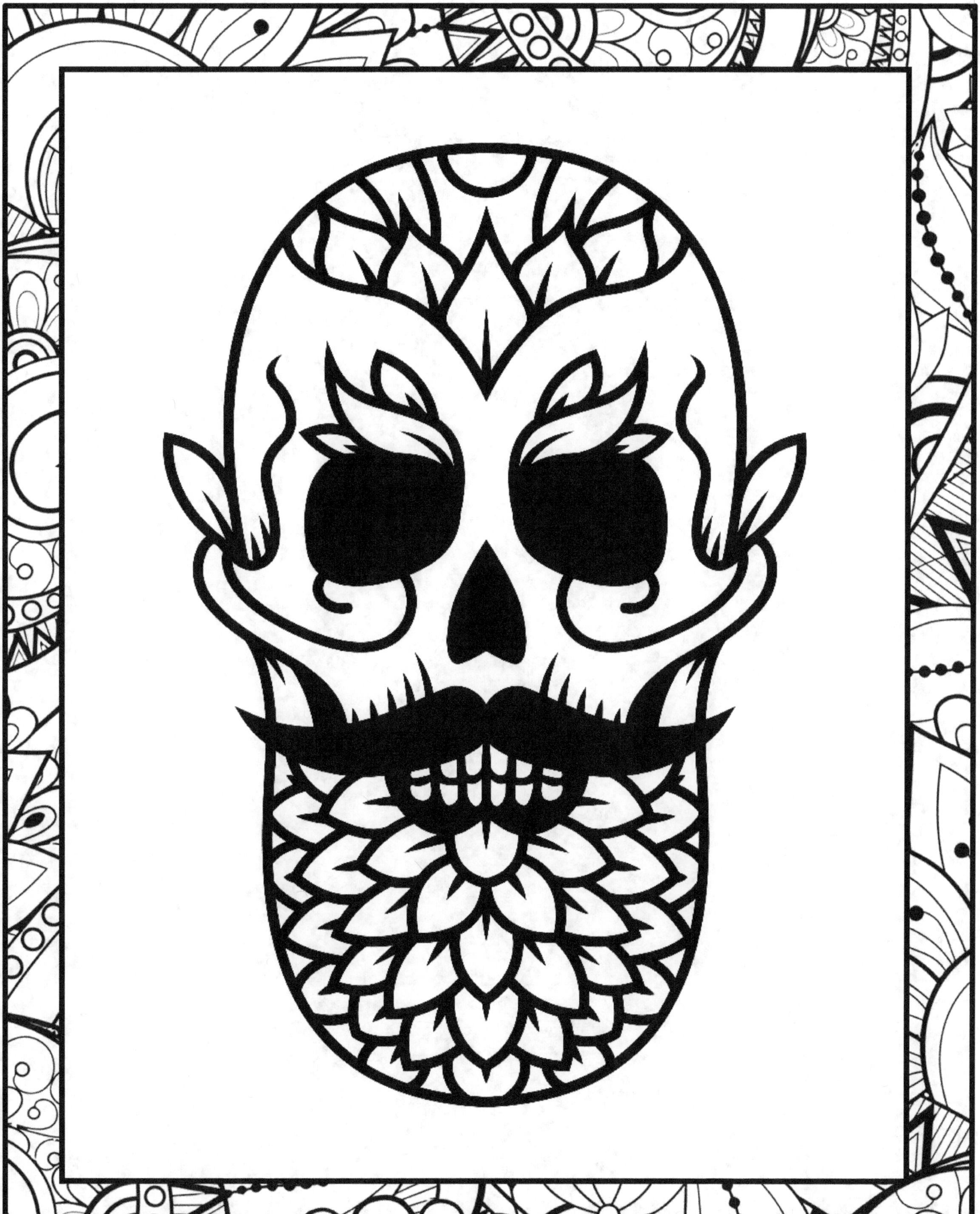

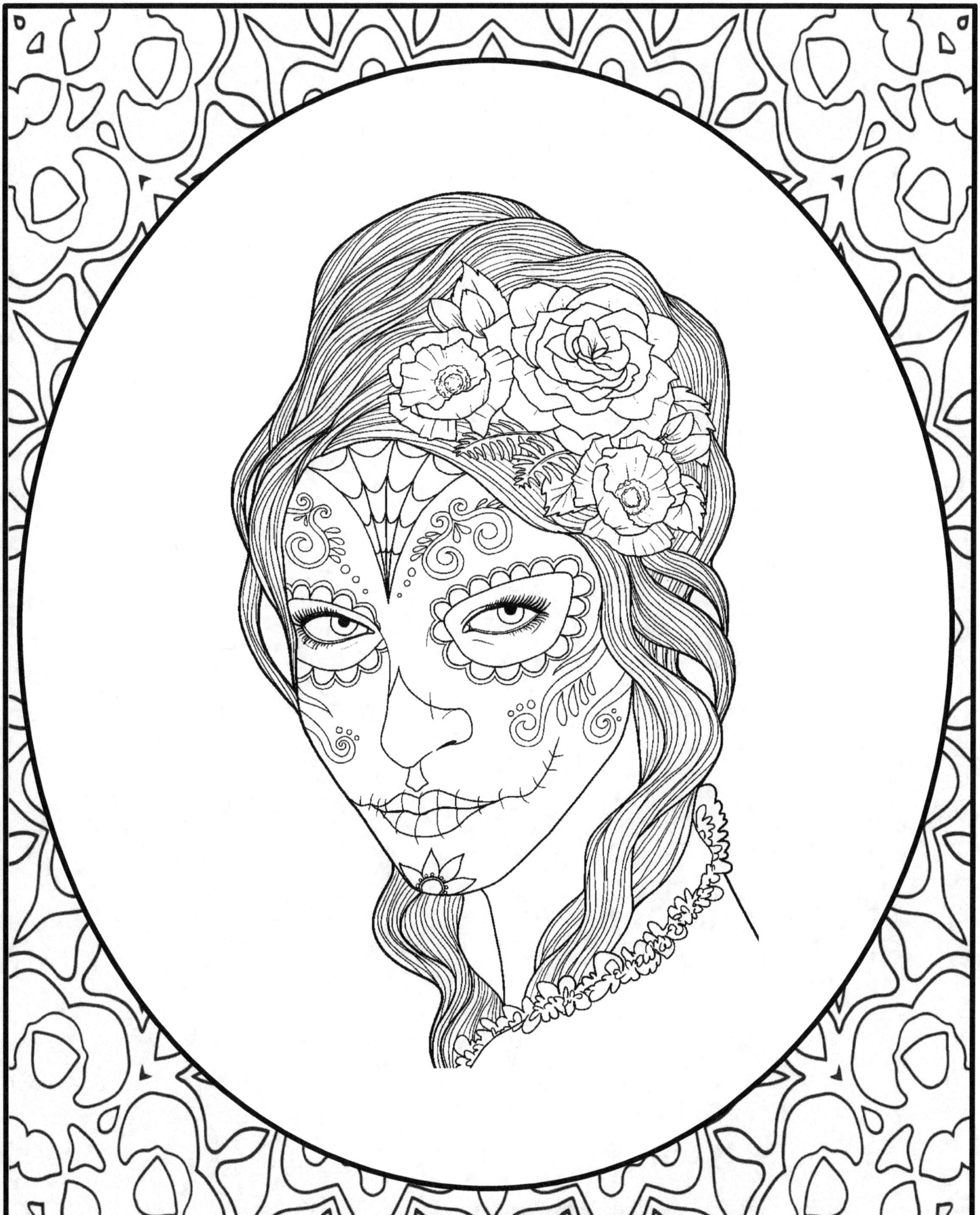

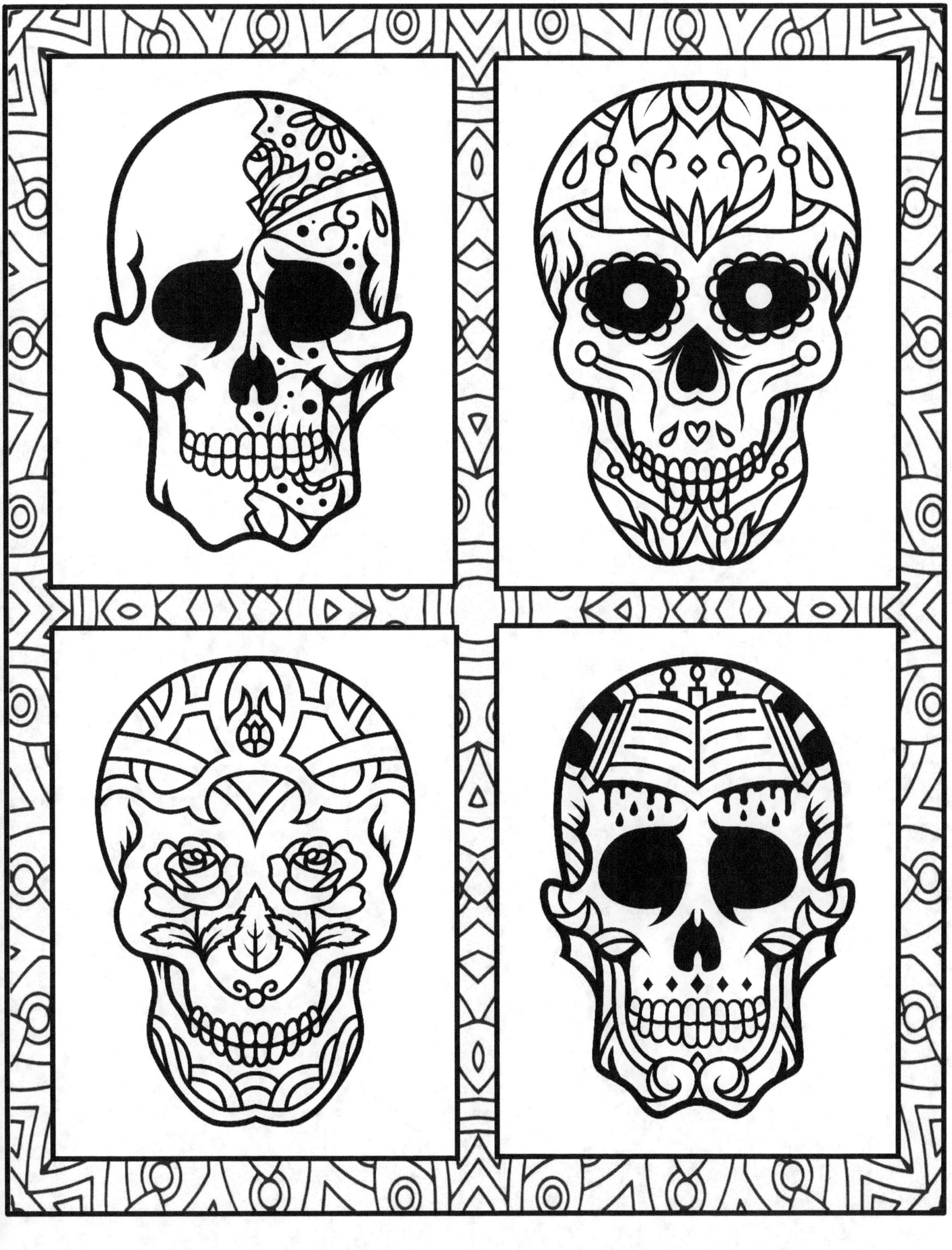

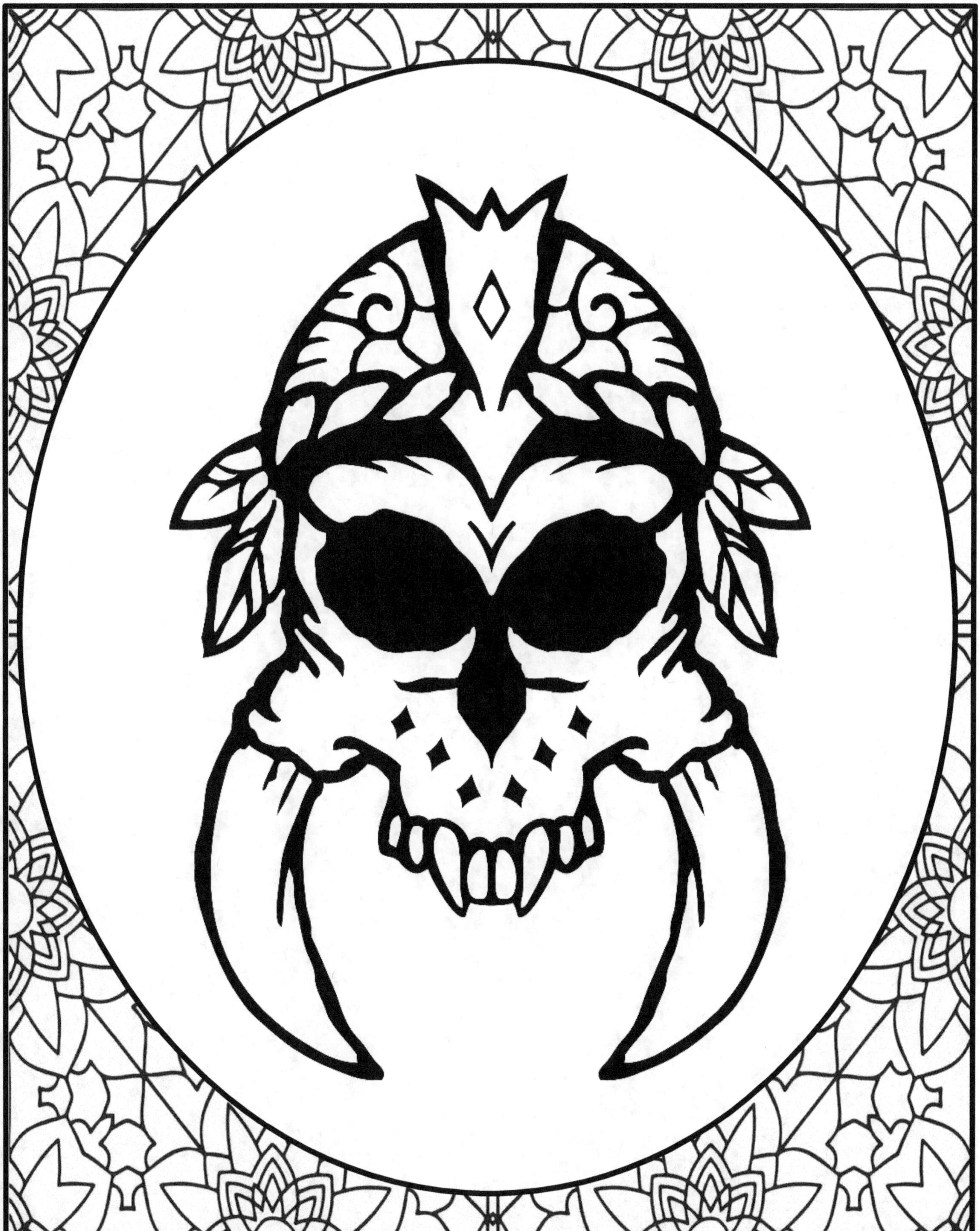

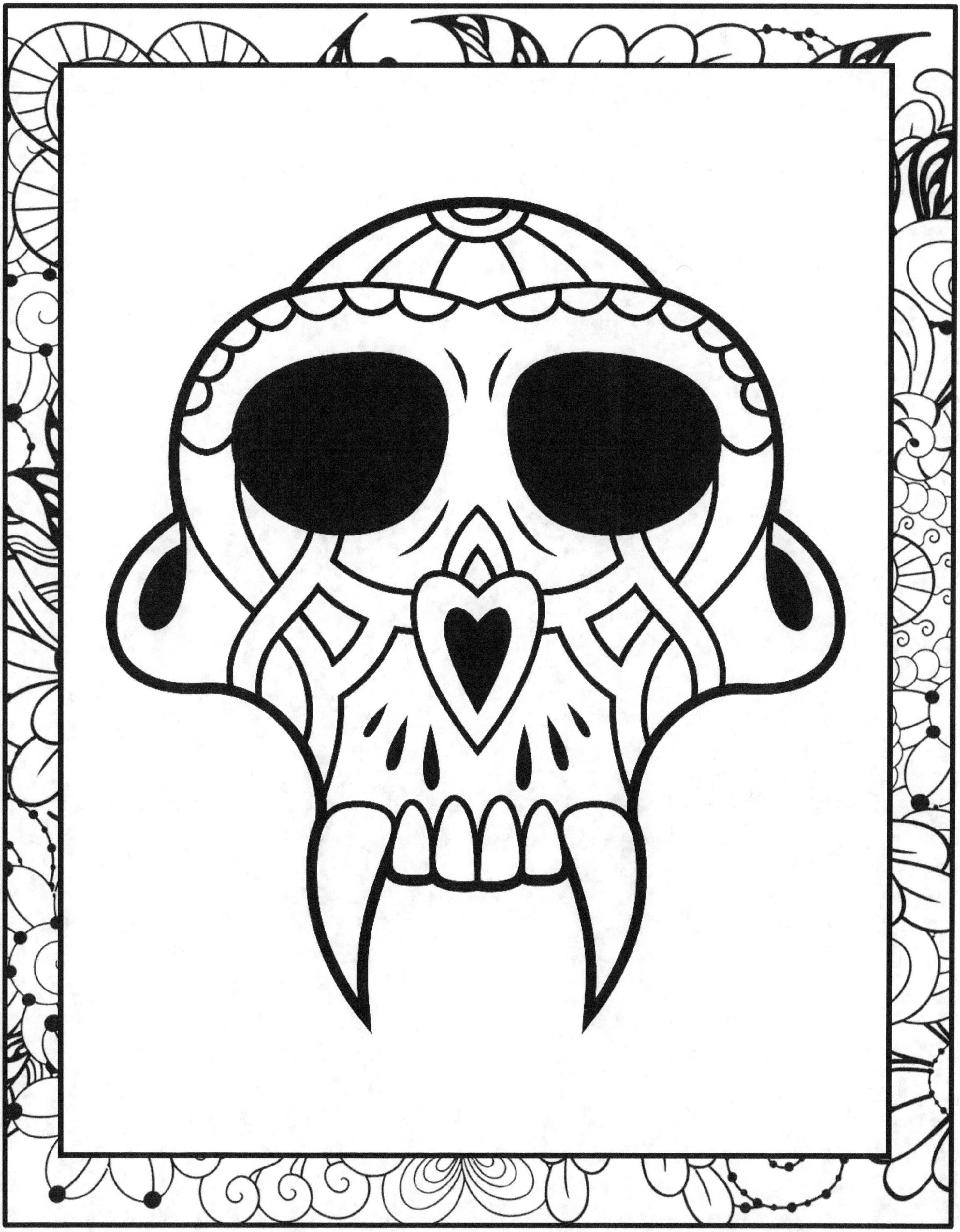

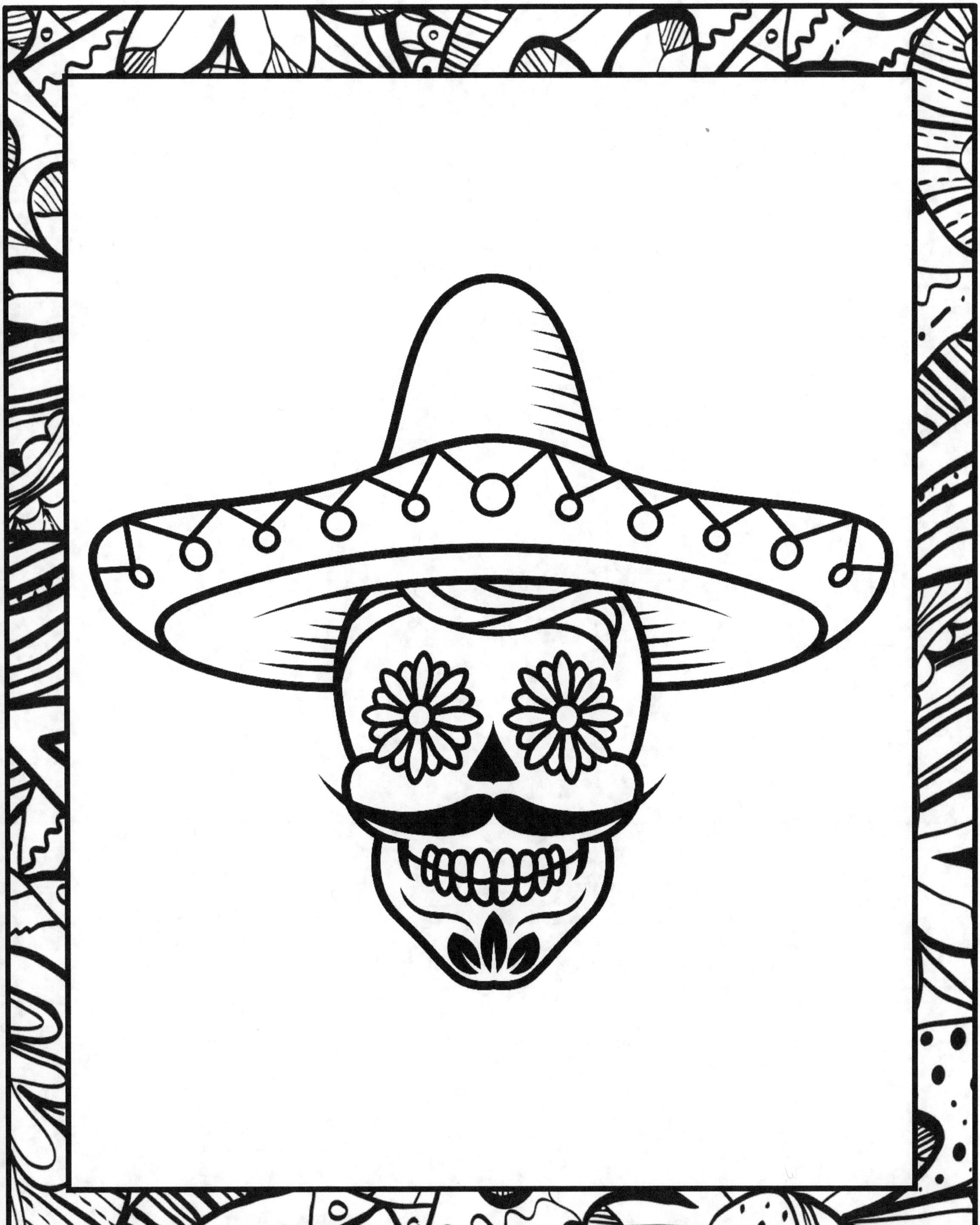

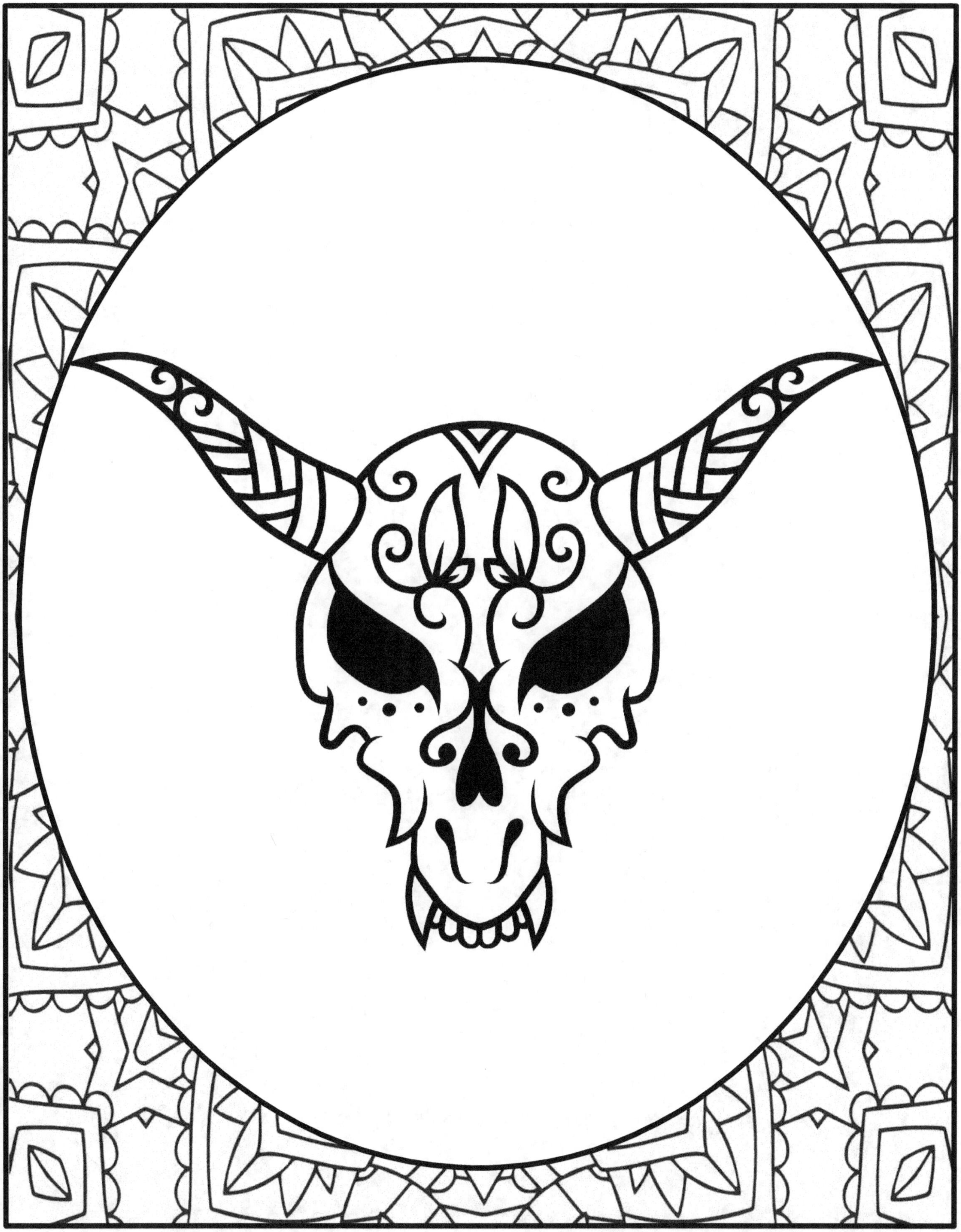

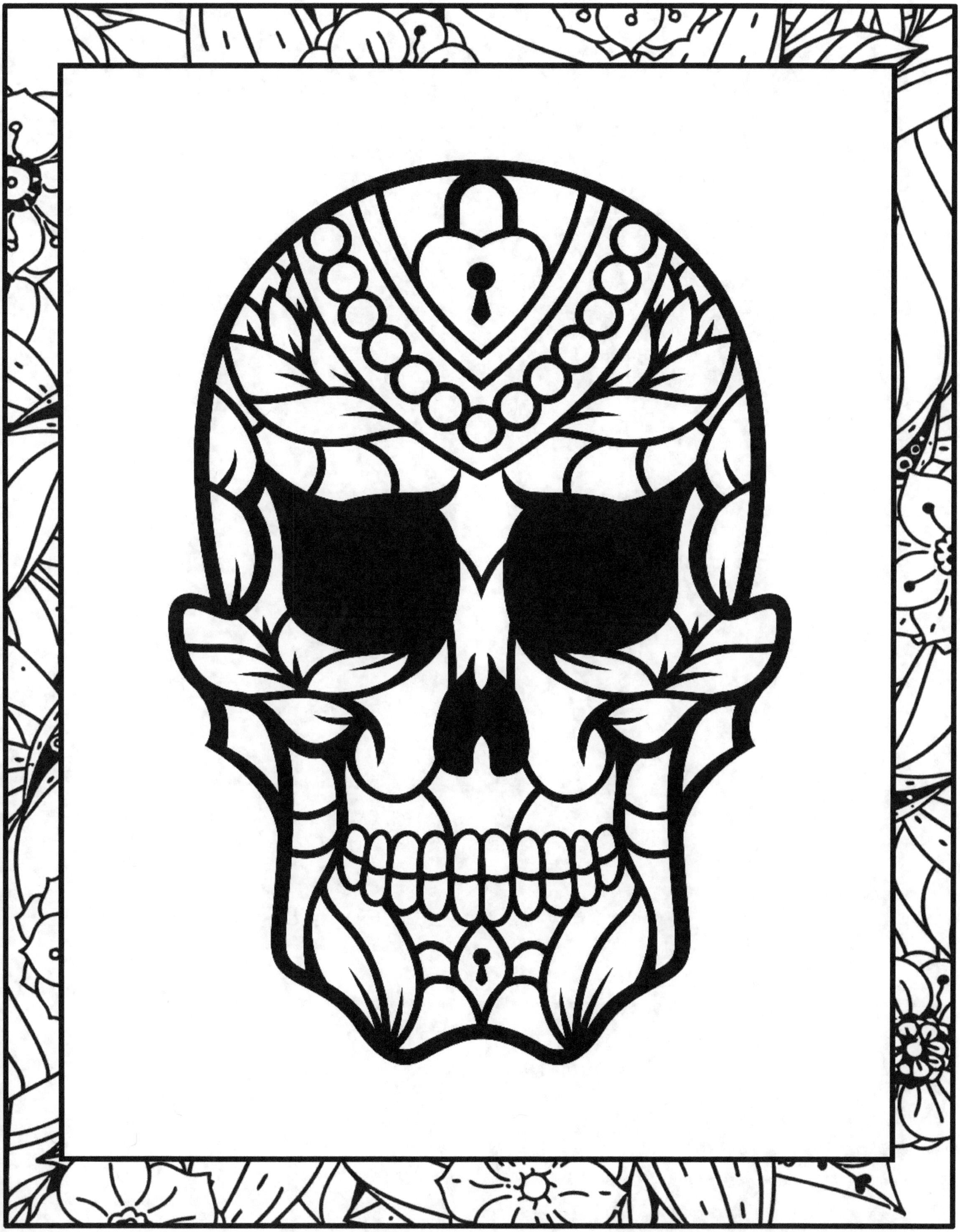

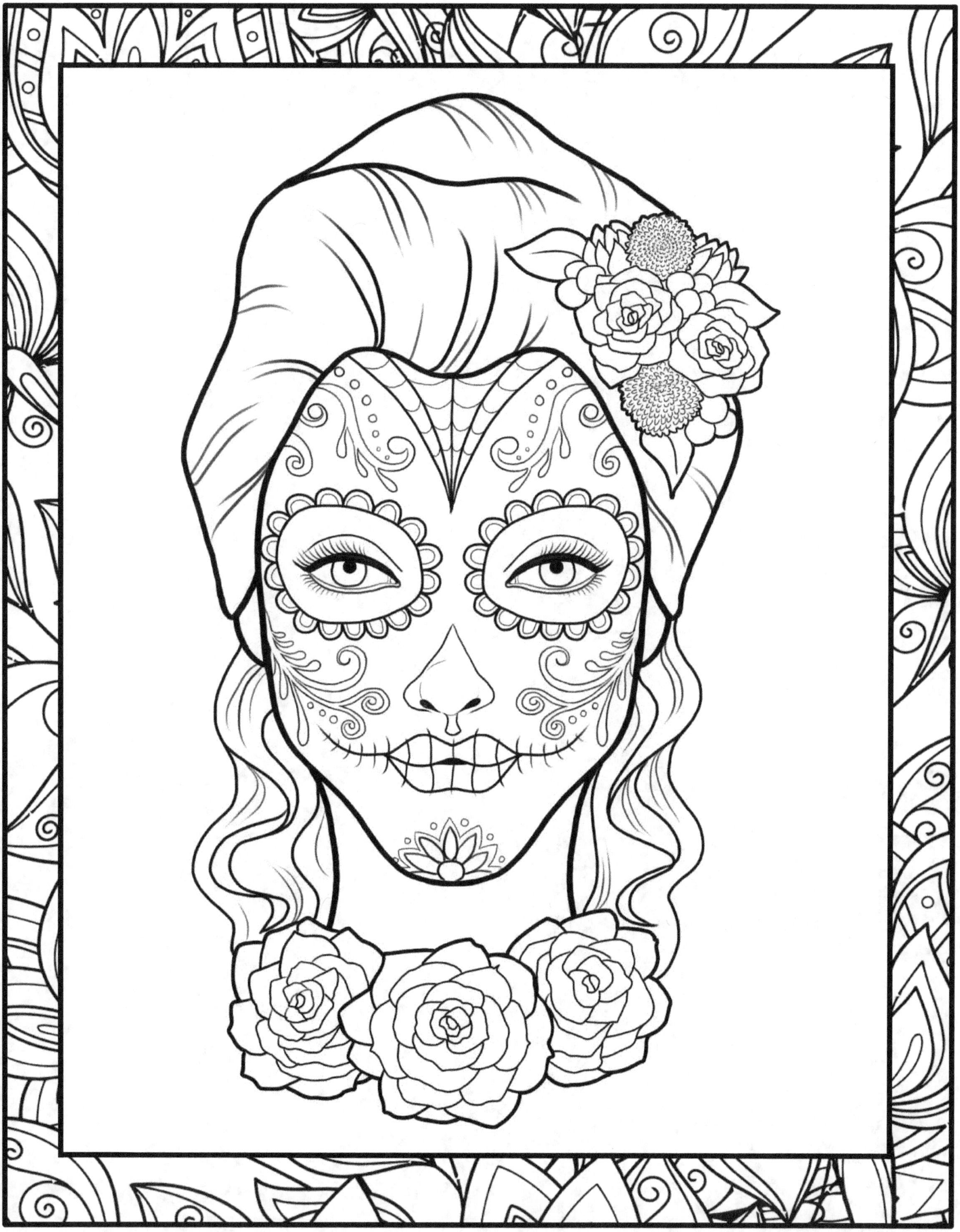

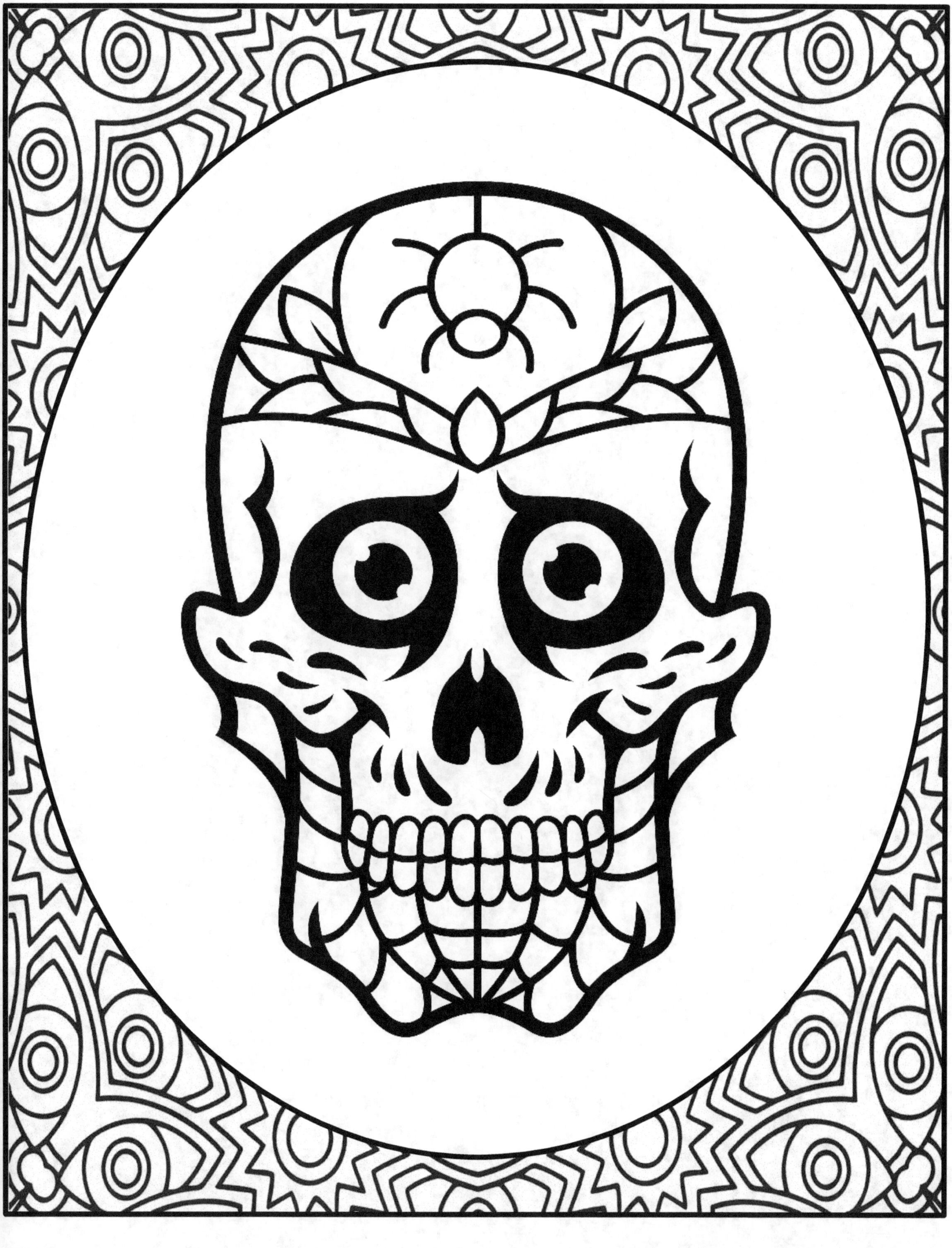

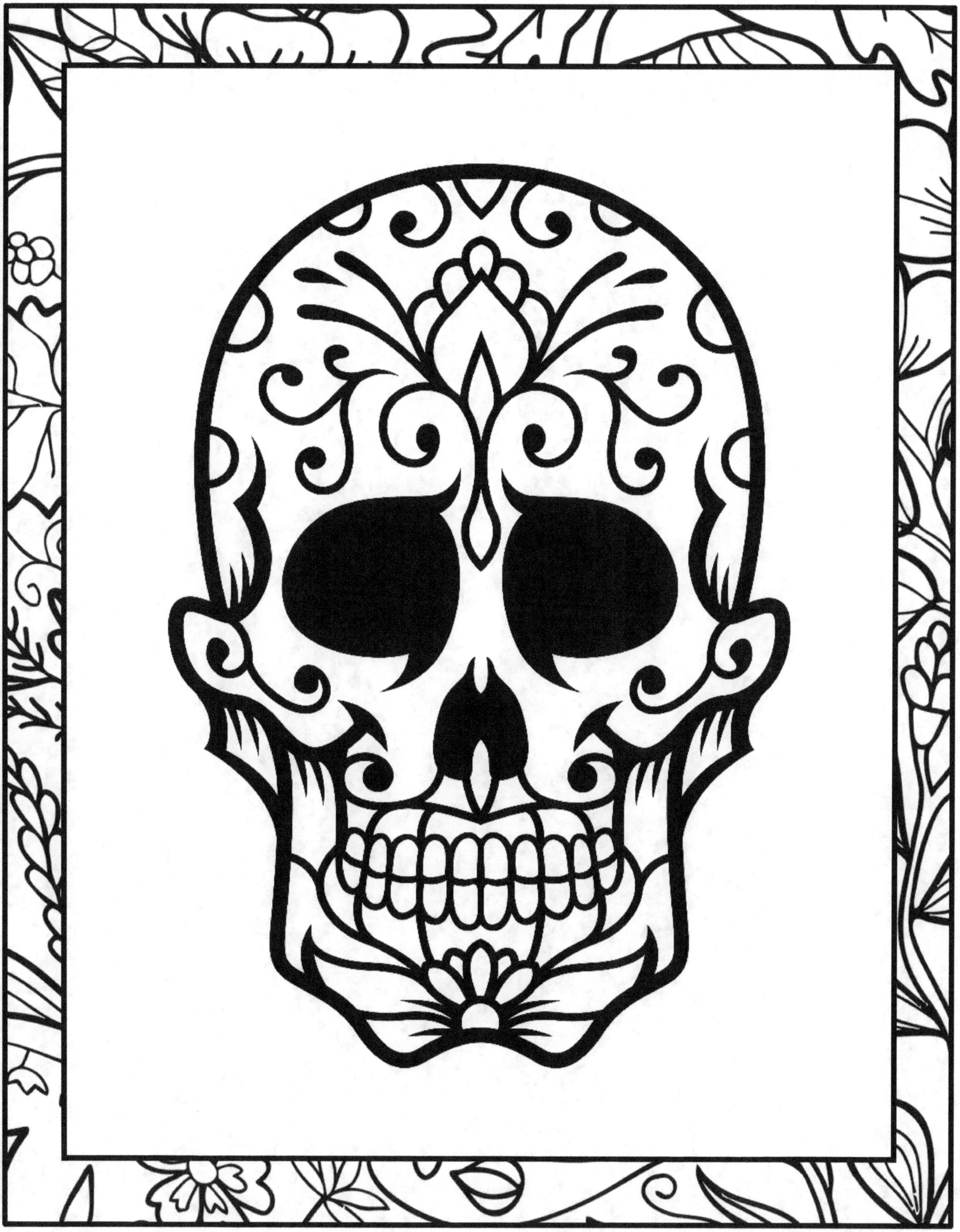

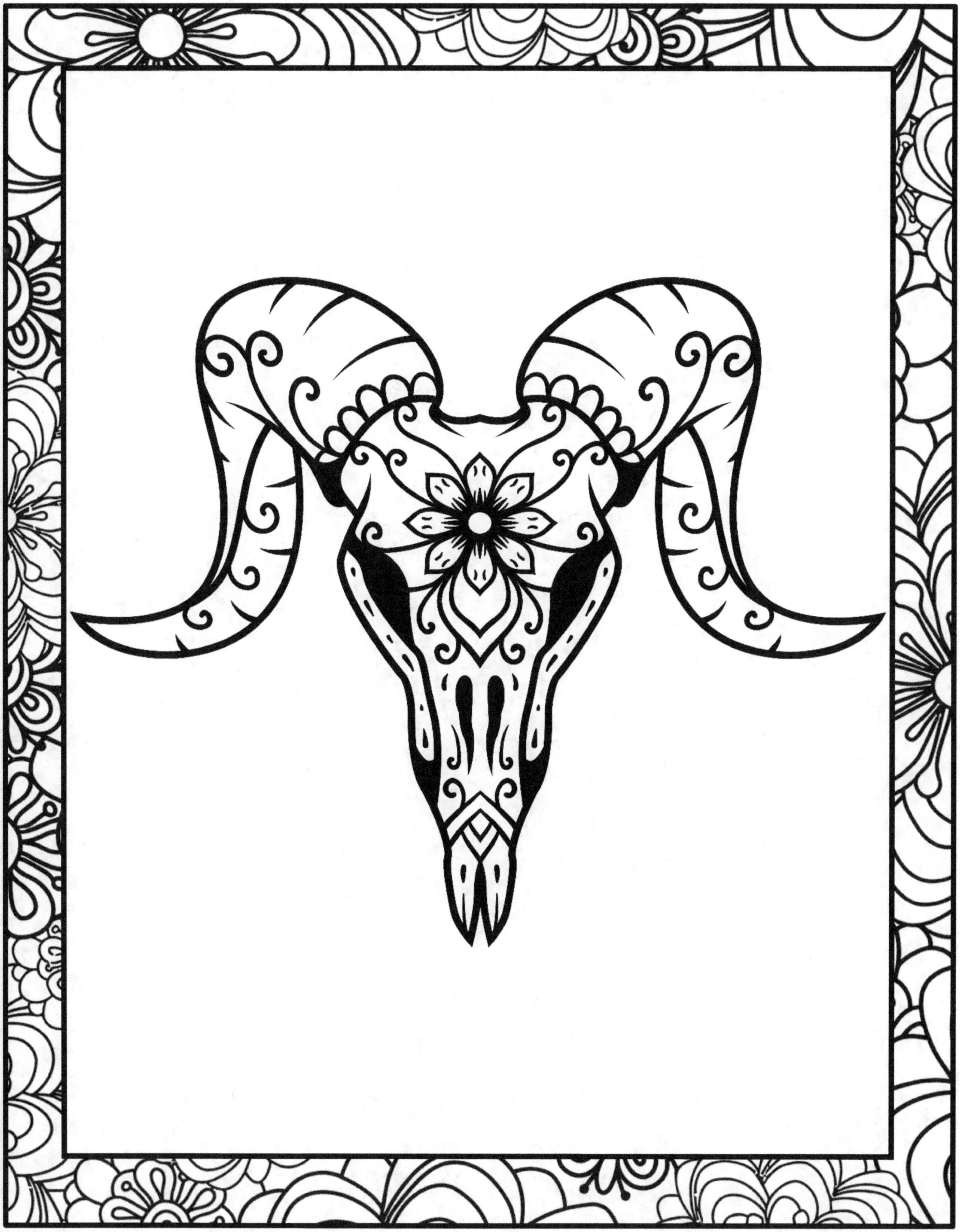

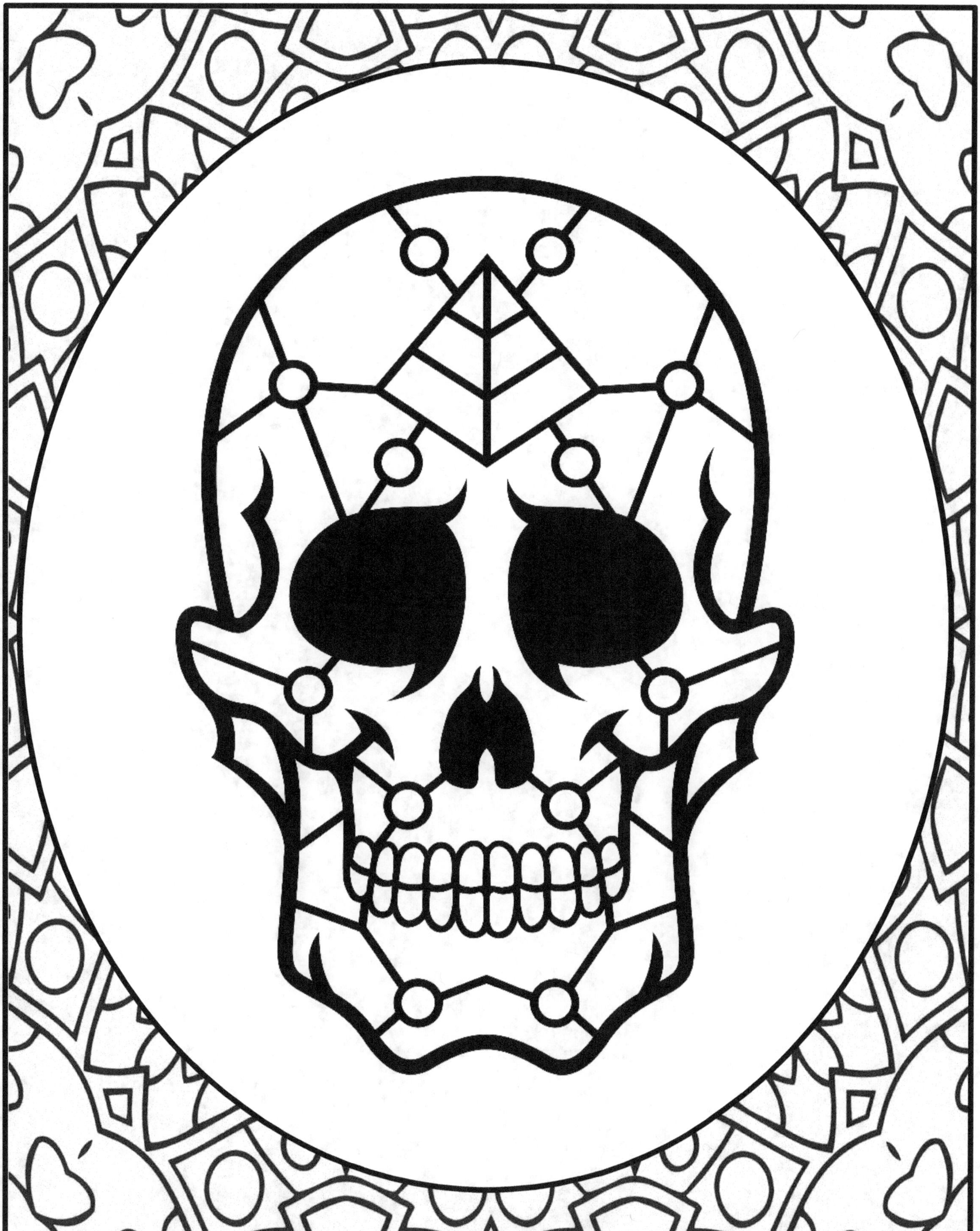

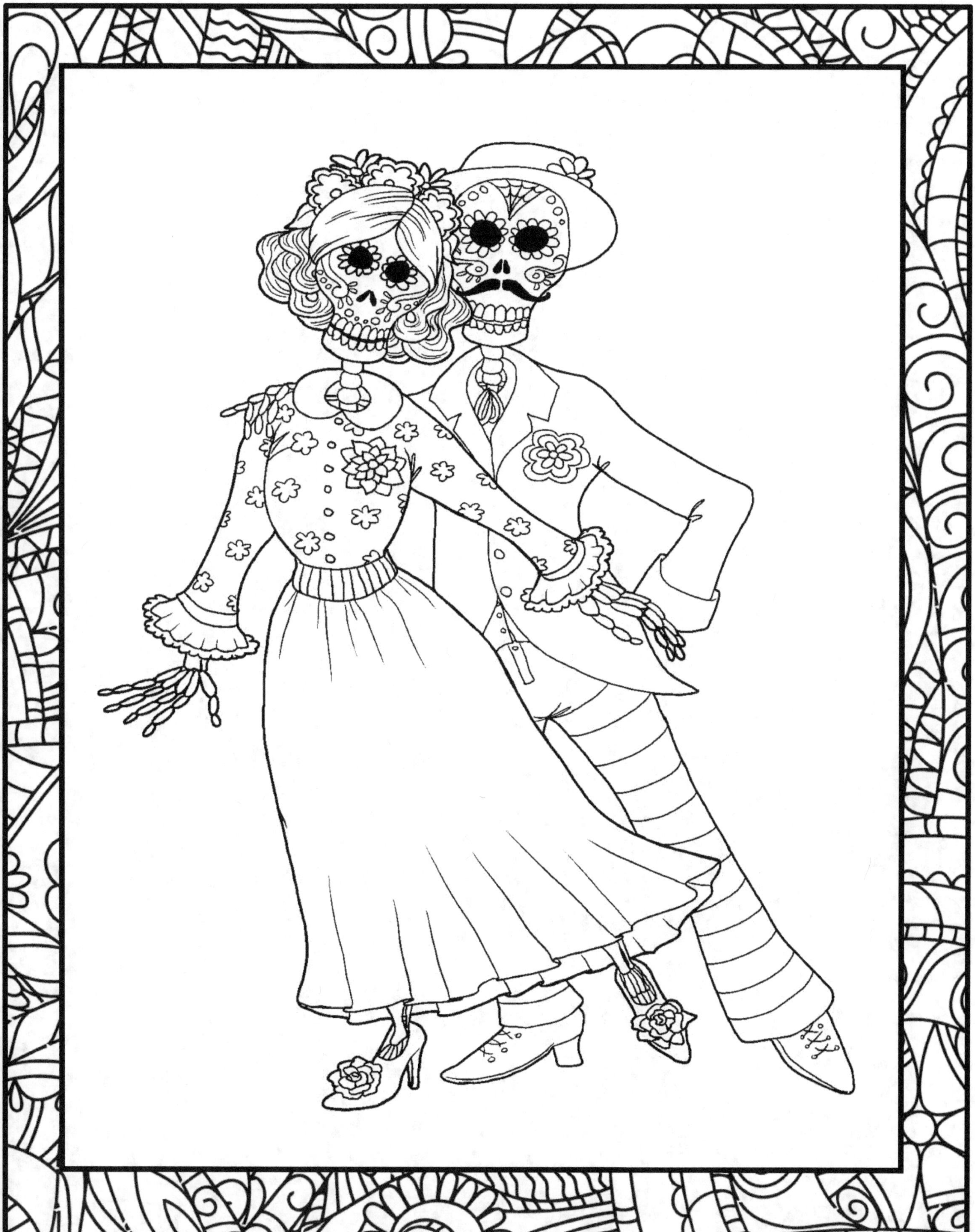

www.ingramcontent.com/pod-product-compliance
Lightning Source LLC
Chambersburg PA
CBHW080951220526
45465CB00008BA/3242
9798679699656